MÉMOIRE

SUR

L'EXPLOITATION ET LE MATÉRIEL

DES CHEMINS ANGLAIS EN 1865

Paris. — Imprimerie de P.-A BOURDIER et Cie, 6, rue des Poitevins.

MÉMOIRE

SUR

L'EXPLOITATION ET LE MATÉRIEL

DES

CHEMINS ANGLAIS

EN 1865

PAR

M. JULES MORANDIÈRE

Extrait des Mémoires de la Société des Ingénieurs civils

PARIS

LIBRAIRIE SCIENTIFIQUE, INDUSTRIELLE ET AGRICOLE

Eugène LACROIX, Éditeur

LIBRAIRE DE LA SOCIÉTÉ DES INGÉNIEURS CIVILS

QUAI MALAQUAIS, 15

1866

MÉMOIRE

SUR

L'EXPLOITATION ET LE MATÉRIEL

DES

CHEMINS ANGLAIS

EN 1865

PLAN DE LA NOTE ET ORDRE DES MATIÈRES

I. PLAN DE LA NOTE.

L'économie générale de l'exploitation et du matériel des chemins anglais est aujourd'hui connue en France de la plupart des ingénieurs; aussi cette note n'a pas pour but de donner une étude d'ensemble de ces chemins, mais bien de rappeler dans une série de paragraphes détachés quelques particularités saillantes, de donner quelques faits et quelques dessins précis, ainsi que l'état actuel des diverses branches techniques.

On voudra bien pardonner à l'auteur de s'être étendu un peu sur les locomotives dont l'étude rentrait davantage dans sa spécialité personnelle.

Les observations présentées sur tous sujets ont été, pour la plupart, recueillies et vérifiées sur place, et une grande partie des notes ont été prises en commun avec mon frère, M. Édouard Morandière, ingénieur civil, membre de la Société.

II. ORDRE DES MATIÈRES.

I. EXPLOITATION.

Trafic des voyageurs.

Trafic des marchandises.

Extension des chemins de fer à l'intérieur de Londres.

Extension des chemins de ceinture de Londres.

Dispositions de gares à voyageurs.

Dispositions des gares à marchandises.

Signaux.

II. MATÉRIEL ET TRACTION.

Dépôts.

Ateliers.

Voitures et wagons.

Locomotives.

III. VOIE.

IV. DIVERS.

V. NOTE ANNEXÉE.

RÉSUMÉ GÉNÉRAL.

Les questions qui se rattachent à l'exploitation et au matériel des chemins de fer anglais sont un sujet d'étude intéressant pour tout ingénieur; parmi les divers documents existants sur ce sujet, et par ordre de date, on peut citer l'enquête faite par ordre du gouvernement sur les chemins anglais, le rapport de M. Flachat sur l'Exposition de Londres, et un rapport fait en 1863 à la Compagnie des chemins de l'Est par un de ses inspecteurs, M. Jules Gaudry, membre de la Société, rapport qui a été inséré dans les *Annales des Mines.*

Cette note n'a nullement pour but de résumer dans le bulletin de la Société les divers travaux qui viennent d'être mentionnés, ni de donner une étude d'ensemble des chemins anglais, mais bien de rappeler dans une série de paragraphes détachés quelques particularités saillantes et l'état actuel des diverses branches techniques. On n'a pas fait non plus la comparaison détaillée des chemins anglais avec les chemins de fer français, parce qu'il est bien reconnu aujourd'hui que les uns comme les autres sont parfaitement appropriés aux pays et aux intérêts qu'ils ont à desservir. On a du reste voulu faire un compte rendu et non une critique. On trouvera quelques considérations sur l'exploitation et les signaux; des renseignements sur les gares, les ateliers, les wagons et les locomotives. L'auteur s'excuse de s'être un peu étendu sur ces dernières, dont l'étude rentrait davantage dans sa spécialité. A la fin et dans les notes diverses sont des détails sur les ports charbonniers, notamment sur Cardiff, au point de vue du chargement dans les navires du charbon amené par chemin de fer.

Ire PARTIE. *Exploitation.* — Nous rappellerons un des points saillants des chemins de fer anglais : toute voie de fer est considérée comme une route, et chacun peut y passer avec son matériel. On en voit de nombreux exemples, et ce qui vient empêcher ce droit de dégénérer en abus, c'est qu'il n'implique pas l'usage des gares, remises, prises d'eau, signaux, etc., qui sont nécessaires, et pour l'usage desquels on doit alors s'entendre avec la Compagnie propriétaire. Comme exemple on a présenté la carte des chemins de fer des environs de Leeds et le détail des Compagnies et des trains qui y circulent.

Nous rappellerons aussi que les Compagnies anglaises ne sont point soumises à diverses prescriptions administratives, telles que la limitation du nombre des wagons, des trains, la fixation de la place et du nombre des freins, etc.

Elles ne sont même pas tenues d'assurer des places aux voyageurs aux stations intermédiaires.

Le paragraphe suivant présente quelques observations relatives au transport des voyageurs. Un tableau spécial réunit les éléments de la comparaison des vitesses effectives de marche et des prix de transport perçus, pour les trois classes de voyageurs, pour diverses lignes anglaises et françaises.

Deux autres tableaux plus restreints et présentés sous forme graphique résument les précédents. Le premier montre que les tarifs pour les première et deuxième classes sont plus élevés en Angleterre; il y a égalité pour la troisième classe. Le deuxième tableau fait intervenir la composition des trains et les circonstances de l'exploitation. On y voit que, tandis qu'en France le prix de base kilométrique est le même, quelle que soit la distance parcourue par le voyageur, il baisse notablement en Angleterre pour les grandes distances; il devient alors inférieur aux tarifs français, soit par suite de l'application d'un tarif réduit, soit par suite de l'admission des deuxièmes classes, voir même des troisièmes, dans les trains express : ce dernier usage tend du reste à s'introduire en France.

En somme, le voyageur à grande distance et le voyageur de troisième classe paraissent favorisés en Angleterre, sous le double rapport de la vitesse et du tarif; le voyageur de troisième classe a cependant un désavantage : c'est qu'il est admis dans un moins grand nombre de trains qu'en France.

Sur la question *du service des marchandises*, on n'a présenté que quelques observations sommaires qui se résument en ceci :

La célérité des transports est permise à cause de l'élévation des tarifs et de l'usage admis du camionnage fait par les compagnies.

Viennent ensuite quelques considérations sur les projets de *lignes à l'intérieur ou autour de Londres*, lignes destinées à former un ensemble de liaison entre les gares à voyageurs et à marchandises. Sur le Métropolitain, les trains se succèdent à quelques minutes d'intervalle et font le service d'un véritable omnibus. Ces chemins ont amené la construction de quatre ponts sur la Tamise et de cinq gares importantes à l'intérieur même de la ville. Des détails sont donnés sur deux de ces gares nouvelles, Charing Cross et Victoria, ainsi que sur une gare déjà ancienne, dite Waterloo, station qui réunit à la fois un service de grande ligne et un service de banlieue. Nous signalerons dans la gare de Charing-Cross l'absence de plaques tournantes et l'adoption de nombreux signaux commandant les principales aiguilles et voies.

Laissant de côté quelques notes sur les gares à marchandises, nous passerons de suite à l'article *signaux*

Le *signal* le plus répandu est le *sémaphore*, placé au point même à protéger et souvent répété par un signal à distance. Aux bifurcations les leviers des aiguilles et des signaux sont généralement renfermés dans une même cabane placée à quelques mètres au-dessus de la voie. Il y a un signal spécial pour chaque direction; le train attendu est averti par sa position si la direction est bonne, et alors il passe sans ralentir.

Outre les sémaphores, on trouve aussi diverses espèces de disques tournants; ils font l'objet d'une description spéciale accompagnée de quelques croquis.

IIe PARTIE. *Matériel et traction.* — Sous le titre *dépôts*, on a mis quelques renseignements et croquis relatifs aux dispositions prises pour accélérer le chargement du combustible sur les tenders; on emploie le plus souvent une petite grue soulevant une benne d'assez grande capacité.

Dans les *ateliers*, la durée du travail est la même qu'en France; le salaire, comme on le sait, est plus élevé. Aussi a-t-on cherché à étendre partout les moyens mécaniques qui ont été appliqués à la manœuvre des chariots et des grues destinés, soit à soulever et porter les pièces dans les ateliers, soit à les mettre en place sur les machines-outils.

Comme détails relatifs à l'enseignement professionnel, nous ferons deux observations : 1° Pour les ouvriers, après l'apprentissage de l'enfant, il y a un apprentissage de l'ouvrier qui se prolonge pendant 4 ou 5 ans, et qui est de rigueur. A cet égard, les ouvriers font entre eux une police remarquable, peu libérale du reste; 2° pour les ingénieurs, il n'y a pas d'écoles spéciales, et tous les grands ateliers (y compris ceux des chemins de fer) permettent à leurs ingénieurs de s'adjoindre des apprentisingénieurs (pupils). (Par exemple, l'ingénieur des ateliers de Swindon a cinq pupils, qui lui donnent chacun 100 livres.)

Revenons à la question technique. L'emploi du métal Bessemer a pris une grande extension. La Compagnie du Nord Ouest (London and North-Western) s'est même décidée à le fabriquer elle-même dans une usine spéciale auprès de Crewe; elle en fait principalement des rails et des essieux coudés. Pour la fabrication de ces derniers, on a même imaginé un marteau-pilon particulier, composé de deux masses se mouvant horizontalement sur galets l'une vers l'autre, et venant ainsi frapper de deux côtés la pièce à forger.

Nous arrivons maintenant au *matériel roulant* sur lequel on s'est le plus étendu dans la note, mais dont nous ne parlerons dans cette analyse que très-sommairement.

Commençant par les *voitures et wagons*, nous ferons remarquer qu'on ne construit plus que des véhicules à quatre roues. Les types des *voitures à voyageurs* ont été bien améliorés comme confortable et se rapprochent maintenant assez des nôtres.

Quelques exemples faisant l'objet de croquis ont été pris parmi les modèles qui ont paru les plus remarquables. On rencontre diverses combinaisons de voitures mixtes, voitures-fourgons; mais ce qu'on trouve le plus, c'est la voiture mixte à deux compartiments de première classe et deux compartiments de deuxième classe, contenant de 28 à 32 personnes, qui est admise dans les trains express, et la voiture de troisième classe, contenant ordinairement 50 voyageurs et quelquefois 60. L'entraxe ou écartement des roues a été portée à près de 5 mètres par quelques Compagnies, toutefois elle reste le plus ordinairement comprise entre 3m,50 et 4 mètres.

Les wagons à marchandises sont d'une construction robuste et sont assez lourds. Leur chargement est ordinairement de 7 à 9 tonnes et rarement de 10 tonnes. Sur la plupart des lignes, les wagons à charbon n'appartiennent pas à la Compagnie qui exploite et ne sont pas entretenus par elle.

L'emploi du fer dans la construction des wagons à marchandises, soit pour les panneaux, soit pour le châssis, paraît rester encore à l'état d'essais isolés.

Un fait qui paraît à mentionner est l'adoption générale et uniforme d'un graissage à l'huile; toutefois on a voulu conserver l'ancienne boîte, et l'huile se verse dans une poche en feutre qui remplit l'ancien réservoir à graisse.

L'éclairage des voitures au gaz tend également à se répandre. Il a été exclusivement adopté pour les voitures du chemin intérieur de Londres, dit Métropolitain, qui est tout le temps en souterrain; quelques détails sur ce sujet sont donnés dans un paragraphe spécial à cette ligne.

Quelques Compagnies adoptent des freins s'appliquant à plusieurs voitures et analogues au frein du système Newal; le chemin de ceinture, dit du nord de Londres, a appliqué un frein à toutes ses voitures, et la commande se fait par la tension d'une chaîne régnant sous tout le train, et dont l'enroulement aux extrémités est produit par un galet venant porter à volonté sur la roue du wagon.

Nous ne dirons maintenant que quelques généralités sur les *machines locomotives*.

Chaque Compagnie a gardé et développé les types qu'elle avait d'abord adoptés, d'où il est résulté que le type Crampton, qui n'appartenait à aucune, a été rejeté par toutes. Il y a quelques années, les machines à voyageurs à cylindres intérieurs étaient en majorité; aujourd'hui les lignes où les cylindres étaient extérieurs se sont trouvées amenées à augmenter leur matériel : la prédominance des cylindres extérieurs pour les constructions récentes n'implique donc en aucune façon un changement d'opinion; et, en fait, il y a longtemps que tous les ingénieurs reconnaissent que les avantages et les inconvénients se balançant de chaque côté, il n'y a pas de raison pour changer radicalement le système qui a d'abord été adopté. D'un autre côté, l'emploi des cylindres intérieurs prédomine de beaucoup pour les machines à quatre roues couplées, et on peut dire qu'il est exclusif dans les machines à six roues couplées.

L'emploi de plus de six roues couplées est inconnu, et le seul essai fait dans la voie de l'augmentation de puissance des machines à marchandises est l'addition d'un mécanisme moteur au tender d'une machine ordinaire, dont on augmente un peu le foyer.

Cette reprise sur une grande échelle d'un système déjà mis en pratique en 1846 par M. Verpilleux, sur la rampe de Rive-de-Gier, paraît avoir bien réussi; elle est du reste rationnelle à plus d'un point de vue, et on ne peut guère lui reprocher, comme défaut inhérent au système, qu'un peu de faiblesse de surface de chauffe relativement au poids total utilisé pour l'adhérence.

Certaines Compagnies ont adopté l'usage des machines mixtes à roues de 2 mètres à $2^m,14$ de diamètre pour les trains de vitesse marchant à 60 kilomètres à l'heure et plus; ces Compagnies y ont été plutôt conduites par le profil accidenté de leur ligne que par le poids des trains remorqués.

Nous laisserons de côté les renseignements de détail en signalant seulement les points suivants :

1° *Augmentation successive de la pression.* Elle est au minimum de 9 atmosphères et va jusqu'à 11 atmosphères, avec les épaisseurs de tôle de chaudière que l'on applique en France au timbre de 7 à 9 atmosphères;

2° *Arrangement spécial du foyer* en vue de brûler du charbon. Bien des dispositions compliquées ont été essayées, puis abandonnées; on n'a signalé dans la note que celles qui sont restées en usage. Elles sont assez simples; mais il faut se hâter d'ajouter que si elles sont à peu près efficaces, c'est parce que se trouvant à même de choisir le combustible, on n'emploie que du gros charbon de bonne qualité et peu fumeux par lui-même.

Un tableau et une légende renferment les principales conditions d'établissement d'un assez grand nombre de machines; les types génériques de ces machines sont représentés sur une planche spéciale par des croquis tous faits à la même échelle.

IIIe PARTIE. *Notes diverses.* — Dans la troisième et dernière partie de la note on a consigné les renseignements divers, tels que :

Généralités sur la construction du *pont de Charing-Cross* sur la Tamise. Détails sur le *chemin Métropolitain,* ses voitures et leur éclairage au gaz; sur ses locomotives, puissantes machines tender, disposées pour condenser pendant le parcours des souterrains toute la vapeur qui s'échappe des cylindres. Et enfin description et plan des aménagements du *port charbonnier de Cardiff.*

Trois Compagnies de chemins de fer aboutissent à ce port et y amènent les charbons du district des Galles du sud, destinés à être chargés et exportés par navires. Les voies sont en général montées sur des estacades qui bordent les bassins à flots, et les charbons sont jetés par des trémies dans les navires.

Près de Newcastle, des dispositions perfectionnées ont été adoptées; l'estacade s'avance dans un grand bassin et dessert huit navires à la fois, quatre de chaque côté. Les voies sont disposées en plans inclinés, de telle façon que les wagons venant de la mine arrivent seuls par l'effet de la gravité jusqu'à la trémie voulue. Celle-ci est pourvue de plusieurs étages de couloirs fermés à volonté par des trappes, et ingénieusement disposés de manière à conserver à la trémie, quelle que soit la hauteur du vaisseau, l'inclinaison constante de 60°, juste convenable pour que le charbon glisse sans rouler, condition la meilleure pour faire aussi peu de menu que possible.

I. EXPLOITATION.

GÉNÉRALITÉS.

Tout le monde sait que les chemins de fer anglais ont été concédés comme les routes ordinaires : chacun a le *droit de passer* sur la voie avec son propre matériel, en payant un certain droit dit *de péage;* quand la Compagnie concessionnaire fait elle-même le transport, elle perçoit, en outre, un certain droit dit *de transport.*

Le droit de passage peut paraître, au premier abord, exorbitant, puisqu'il semble permettre à une Compagnie de faire concurrence à une autre sur les propres rails de celle-ci. Mais en y réfléchissant, on voit que l'on a droit au passage seulement, et non à l'usage des stations, remises, grues hydrauliques et autres engins, tout à fait indispensables; de sorte qu'en somme il faut toujours un arrangement préalable entre les Compagnies, ce qui empêche l'abus. Néanmoins ce droit a été pour beaucoup dans quelques-unes des habitudes de l'exploitation, notamment pour les deux suivantes :

1° Les expéditeurs ont le plus souvent des wagons à eux, cela surtout pour le transport de certaines classes de marchandises, comme la houille;

2° Une Compagnie emprunte volontiers une autre ligne sur un certain parcours, soit pour s'éviter de construire une partie de ligne, soit pour raccorder deux de ses embranchements, soit enfin pour conduire ses trains jusqu'à une ville voisine desservie par une autre Compagnie.

Comme exemple, nous citerons les environs de Leeds, représentés par la fig. 1, pl. I.

On voit que de Leeds partent sept embranchements qui ont certaines proportions communes et se répartissent dans les trois gares ci-dessous désignées.

1° (Marsh-Lane) appartenant au North-Eastern, ne reçoit qu'une ligne, celle de Leeds-Selly et Hull, n° 1 sur le croquis ;

2° Wellington-Station, au Midland, reçoit en outre le North-Eastern et le London and North-Western, embranchements nos (2) (4) (6) et (7), et sert aussi pour quelques trains du Lancashire-Yorkshire se rendant directement à Knottingley par la ligne (2) et (8) ;

3° Central-Station, commune au Great-Northern et au Lancashire-Yorkshire, sert pour les embranchements (3) et (5).

Outre les portions communes aux environs des gares de Leeds, il y a aussi des sections servant à plusieurs Compagnies.

La ligne de *Leeds-Bradford and Halifax-Junction* est principalement desservie par le Lancashire-Yorkshire pour les sections (3), (5) et (10). Le Great-Northern-Ry a aussi des trains sur ces mêmes sections, et il dessert seul la section (9), dite Gildersome-Branch, et la branche (15).

Sur la section (2), des trains du North-Eastern font la correspondance avec Normanton et la section (13). La plupart des trains du Lancashire-Yorkshire, pour l'embranchement (3), partent de Doncaster et desservent la section (11) de Great-Northern, entre Doncaster et Knottingley.

Dispositions spéciales. — La concurrence et le désir d'attirer le trafic font que, partout où le railway est en correspondance avec un paquebot, les voies sont disposées sur les jetées du port, de manière à aller chercher le voyageur ou la marchandise jusqu'au bateau.

Au chemin d'Edimburg-Perth et Dundee, on a installé des appareils à Granton et à Burntisland, ainsi qu'un bateau, le tout permettant de faire traverser aux wagons de marchandises le détroit de Forth, et d'aller d'Edimburg à Perth et Dundée sans rompre charge.

Sur les ports, dans les docks, les ateliers et les usines, on trouve partout la voie de fer.

Facilités de service laissées aux Compagnies anglaises. — Nous rappellerons plusieurs latitudes laissées aux Compagnies anglaises, et qui donnent au service certaines facilités dont ne jouissent pas les Compagnies françaises, ainsi :

Les nombres des wagons d'un train, les nombres des freins, les nombres de voitures sans voyageurs........., ne sont réglés par aucune mesure administrative, et sous ce rapport les Compagnies sont absolument libres.

Elles sont aussi déchargées de diverses obligations, telles que les transports des militaires à prix réduits, le transport des dépêches fait en France gratuitement ou par train spécial, et qui est payé en Angleterre.

Les statuts (lois ou bills de concession) des Compagnies anglaises leur permettent de ne pas assurer de places dans les trains aux stations intermédiaires, et de prendre en ce cas les voyageurs par ordre de plus grands parcours.

On trouve sur le London et North-Western des trains de vitesse transportant les malles d'Irlande et d'Écosse, où le nombre des places offertes aux voyageurs est limité, et les billets sont, à cause de cela, toujours valables pour une semaine à partir du jour de leur délivrance.

Carte d'Angleterre. — Une carte où l'on a distingué, au moyen de couleurs différentes, les réseaux des diverses Compagnies, a été déposée aux archives de la Société. On pourra juger en la consultant combien les lignes s'enchevêtrent et font souvent double et triple emploi.

OBSERVATIONS SUR LE TRAFIC DES VOYAGEURS.

On sait que pour les voyageurs le trait caractéristique de l'exploitation anglaise est une grande multiplicité des trains, surtout des trains de vitesse.

Ce fait est dû non-seulement à la concurrence que se font diverses Compagnies, mais aussi à la distance relativement faible, environ 200 à 300 kilomètres, qui sépare Londres de la plupart des grands centres, Liverpool, Manchester, Birmingham, Leeds, etc. La facilité de trouver un départ à peu près à l'heure qui convient, aussi bien que la possibilité de ne rester que peu de temps hors de chez soi, font que l'on se met volontiers en route pour traiter directement soi-même ses affaires.

La vitesse effective, celle qui intéresse le voyageur, est plus grande sur les chemins anglais que partout ailleurs pour les trains ordinaires aussi bien que pour les trains de vitesse : et cela, tant parce que la vitesse réelle est plus grande, que parce que le nombre des arrêts est diminué.

Chaque direction principale a son train spécial, aussi les troncs communs des grandes lignes aux abords de Londres sont-ils très-chargés de trains.

Trains express. — De la multiplicité de trains résulte que chacun d'eux, pris isolément, est peu chargé et peut admettre des voitures de 2e classe; c'est ce qui a lieu pour tous les express anglais, sauf le chemin de Brighton.

Les prix sont environ de 20 à 25 p. 100 plus élevés pour les 1res et 2es classes d'express; cependant certaines lignes renoncent à cet avantage dans certains cas; ainsi, au train express (*limited express mail*) d'Écosse sur le London et North-Western, on applique les prix ordinaires au départ de Londres (*mais là seulement*), et on ne prend les voyageurs que pour Edimburg, Glascow et au delà.

Du reste, pour toutes les catégories de trains, on trouve fréquemment ces limitations de stations plus ou moins éloignées, pour lesquelles on admet seulement les voyageurs, ainsi que la limitation à la 1re classe des voyageurs admis à partir d'autres stations, et tout autre combinaison variant en général comme les tarifs, suivant la concurrence.

Trains directs (*fast*) marchant à une vitesse un peu moindre que les express et desservant plus de stations. — Prennent des 1res et 2es classes, généralement aux prix ordinaires, souvent admettent des 3es classes, mais seulement pour les extrémités de la ligne.

TABLEAU A.

Comparaison des vitesses effectives; Tarif élémentaire et nombre de

(Pour les chemins anglais on a pris les directions où plusieurs lignes se font concurrence, et on doit comparer

TABLEAU A. (Suite).

trains de chaque espèce par jour, sur divers chemins anglais et français.

entre elles les diverses colonnes comme il suit : 1 avec 2, 3 avec 6, 4 avec 5, 7 avec 8, 9 avec 12, 10 avec 11.

ANGLETERRE. — SERVICE D'ÉTÉ 1865.

VITESSE ET PRIX		1 LONDON AND SOUTH-WESTERN. Londres à Exeter (Via Yeovil)	2 GREAT-WESTERN. Londres à Exeter (Via Bristol)	3 GREAT-WESTERN. Londres à Birkenhead[1] (Via [illegible])	4 GREAT-WESTERN. Londres à Birmingham (Via Oxford)	5 LONDON AND NORTH-WESTERN. Londres à Birmingham (Via Rugby)	6 LONDON AND NORTH-WESTERN. Londres à Liverpool (Via Rugby)	7 LONDON AND NORTH-WESTERN. Londres à Edimbourg (Via Carlisle)	8 GREAT-NORTHERN. Londres à Edimbourg (Via York)	9 GREAT-NORTHERN. Londres à York	10 GREAT-NORTHERN. Londres à Leeds (Via Doncaster)	11 MIDLAND. Londres à Leeds (Via Trent)	12 MIDLAND. Londres à York (Via Leeds)
DISTANCE TOTALE.		270k	310k	365k	201k	180k	330k	630k	640k	300k	308k	320k	341k
VITESSE. Durée totale du trajet.	1re classe	4h,45	4h,30	7h	3h	3h	5h,30	10h,30	10h,30	4h,30	4h,35	4h,45	5h,10
	2e classe	4h,45	4h,30	7h	3h	3h	5h,30	10h,30	10h,30	4h,30	4h,15	4h,45	5h,10
	3e classe	6h,15 à 6h,55	7h,35 à 9h,20	7h,10	6h,05	5h,10	6h,15 à 10h,15	12h,45 à 15h	11h,20	8h	8h	8h,15	8h,55
VITESSE. Vitesse effective de marche en kilom. à l'heure.	1re classe	57k	69k	52k	69k	66k	61k	62k	61k	67k	65k	68k	66k
	2e classe	57k	69k	52k	69k	60k	61k	62k	61k	67k	65k	68k	66k
	3e classe	13k à 39k	11 à 33	48k	35k	32k	21k à 33k	53k à 36k	55k	36k	36k	39k	38k
PRIX. Prix total du trajet.	1re classe	*50f	*58f	42f	25f	25f	44f	87f,50	87f,50	45f	41f,25	41f,25	46f
	2e classe	*37f,50	*37f,50	31f	19f	19f	32f,50	61f	64f	33f	30f	30f	34f
	3e classe	17f,85	17f,85	20f,15	11f,75	11f,75	20f,90	41f,25	41f,25	19f,80	20f	20f	20f
PRIX. Prix moyen par kilomètre.	1re classe	*0f,161	*0f,185	0f,115	0f,120	0f,139	0f,13	0f,132	0f,136	0f,147	0f,134	0f,129	0f,134
	2e classe	*0f,121	*0f,138	0f,085	0f,09	0f,105	0f,097	0f,097	0f,10	0f,108	0f,097	0f,094	0f,10
	3e classe	0f,058	0f,066	0f,055	0f,057	0f,065	0f,062	0f,062	0f,064	0f,064	0f,065	0f,062	0f,060
Nombre moyen de trains simples par jour reunissant les localités.	Express	1	3	2	3	5	1	2	2	3	3	2	2
	Directs	1	3	1	3	3	3	2	2	3	3	4	2
	Semi-directs ou omnibus, avec 1re, 2e et 3e classes	2	1	2	3	3	2	1	0	1	1	2	2
	TOTAL	4	7	6	9	11	9	5	4	7	7	8	6

FRANCE. — SERVICE D'ÉTÉ 1865.

VITESSE ET PRIX		NORD. Paris à Calais	NORD. Paris à Erquelines (par Creil)	PARIS-LYON-MÉDITERRANÉE. Paris à Marseille	PARIS-LYON-MÉDITERRANÉE. Paris à Lyon	PARIS-ORLÉANS ET PROLONGEMENTS. Paris à Bordeaux, gare Saint-Jean	PARIS-ORLÉANS ET PROLONGEMENTS. Paris à Bordeaux, gare La Bastide	PARIS-ORLÉANS ET PROLONGEMENTS. Paris à Lorient (par Nantes)	OUEST. Paris à Lorient (par Rennes)
DISTANCE TOTALE.		329k	241k	863k	512k	583k	580k	616k	533k
VITESSE. Durée totale du trajet.	1re classe	5h,50	4h,50	16h,15	9h,05 à 11h	10h,50		15h	11h
	2e classe	5h,50 à 8h,15	6h,30	23h,15 à 27h	12h,30 à 15h,30		15h à 19h	22h à 19h	14h à 1[illegible]
	3e classe	11h,5 à 10h,40	7h,15	25h,15 à 27h	12h,30 à 15h,30		15h à 19h	22h à 19h	14h à 1[illegible]
VITESSE. Vitesse effective de marche en kilom. à l'heure.	1re classe	56k	54k	54k	57k à 17k	54k		41k	48k
	2e classe	57k à 40k	37k	36k à 32k	41k à 43k		19k à 30	25k	41k à [illegible]
	3e classe	29k à [illegible]	33k	36k à 32k	41k à 33k		29k à 30	28k	18k à 2[illegible]
PRIX. Prix total du trajet.	1re classe	36f,[illegible]	27f	96f,65	57f,35	63f,50		66f,55 (59f,15)	69f (30f,95)
	2e classe	27f,10	20f,25	72f,50	44f		19f,15	49f,15 (39f,85)	46f,25 (39f,85)
	3e classe	20f,1[illegible]	11f,85	53f,15	31f,55		36f,05	36f,10 (29f,15)	34f,10 (29f,85)
PRIX. Prix moyen par kilomètre.	1re classe	0f,112	0f,112	0f,112	0f,112	0f,112		0f,108 (0f,096)	0f,112 (0f,095)
	2e classe	0f,084	0f,084	0f,084	0f,084		0f,084	0f,081 (0f,065)	0f,084 (0f,075)
	3e classe	0f,061	0f,061	0f,061	0f,061		0f,061	0f,0[illegible] (0f,048)	0f,06[illegible] (0f,055)
Nombre moyen de trains simples par jour reunissant les localités.	Express	2	2	3	2	2		1	2
	Directs	0	1	1	2	1		0	0
	Semi-directs ou omnibus, avec 1re, 2e et 3e classes	3	3	2	2	2		1	1
	TOTAL	5	6	6	6	5		2	3

NOTA. Les prix marqués d'un astérisque (*) sont les prix d'express, plus élevés que les prix ordinaires.

[1] Birkenhead est en face de Liverpool, séparé par une traversée de vingt minutes, non comprises dans le temps ci-dessus inscrit.

[2] Le premier train ne prend de voyageurs que pour les transporter au delà de Lyon.

Trains ordinaires. — Vitesse encore moins grande que les précédents, desservant toutes ou presque toutes les stations, prennent aux prix ordinaires des 1res et 2es. Quelquefois ils ont aussi des voitures de 3e classe.

Trains gouvernements ou parliamentary, imposés par le gouvernement, afin qu'il y ait par jour au moins un train ayant des 3es classes; quelquefois même on a imposé un tarif réduit. Ce train est généralement omnibus.

Trains mixtes (voyageurs et marchandises). — Ne sont guère usités que sur les embranchements ou les petites lignes, et principalement comme trains locaux.

Procédés divers pour ne pas retarder les trains. — Certaines Compagnies, notamment le South-Eastern, afin d'éviter un arrêt à un train express, attachent en queue du train une voiture que l'on détache auprès de la station voulue.

D'autres fois le train ne s'arrête à certaines stations pour prendre des voyageurs, que sur la présentation du signal d'arrêt, ou pour en laisser quand les voyageurs ont prévenu d'avance le chef de train.

Tableaux de comparaison des vitesses et du prix de transport. — On a fait, dans le tableau A page 8, la comparaison des vitesses effectives de marche, des prix élémentaires du transport et du nombre des trains pour diverses Compagnies anglaises et françaises. Sur les unes comme sur les autres, on se sert des mêmes artifices d'exploitation; on arrive aussi à introduire des 2es classes aux trains express (*chemin du Nord pour l'Angleterre*) et même des 3es classes (*chemin du Nord pour Lille, de l'Ouest pour Lorient*). En somme, tous ces artifices aboutissent à percevoir des prix kilométriques diminuant à mesure que la distance à parcourir augmente, ce qui n'a rien que de très-rationnel.

Le tableau A a été dressé au moyen des feuilles de marche des trains et des tarifs, en prenant pour chaque direction le train le plus rapide.

On remarque, dans les colonnes des prix de tarif pour les chemins de Lorient, certains chiffres entre parenthèse; ils sont relatifs à une période (1862 à 1865) où les deux directions se faisaient concurrence et étaient en contestation relativement à la répartition des produits. Une décision arbitrale, sanctionnée par l'administration supérieure, a tranché le différent, et les Compagnies ont été autorisées à ramener leurs prix au plein du tarif, après l'expiration des délais légaux. La concurrence sur ces deux directions était d'autant plus déplorable, qu'une seule ligne suffit largement pour desservir tout le trafic.

Les éléments contenus dans le tableau A, et considérés sous divers points de vue, ont permis de dresser les deux tableaux graphiques 1° et 2°, fig. 2, pl. I,

Le tableau n° 1 donne le tarif kilométrique moyen perçu pour les diverses classes; les trois courbes ont été obtenues en prenant dans le tableau A, pour l'Angleterre les moyennes des prix des diverses Compagnies, pour la France le tarif réglementaire, puis les moyennes des deux dernières colonnes du tableau qui se rapportent à un cas exceptionnel.

Ce tableau ne résume pas la comparaison des éléments du tableau A, car il est indépendant de la composition des trains, par laquelle, en excluant ou admettant certaines classes de vehicules, on produit le même effet qu'en augmentant ou diminuant le tarif. C'est pourquoi l'on a été conduit à dresser le tableau n° 2, fig. 2, pl. I.

Ce tableau n° 2 indique le prix minimum à payer par le voyageur pour se faire admettre dans une catégorie donnée de train : les courbes ont été construites en se reportant à ce qui a été dit plus haut, relativement à la composition des trains en Angleterre, ainsi qu'aux règles généralement suivies à ce sujet en France, et prenant dans le tableau n° 1 le prix correspondant à la place la plus économique.

Il y a cependant à signaler quelques exceptions aux règles générales :

Sur les chemins anglais, les trains omnibus n'admettent pas tous des 3es classes pour les moyennes distances.

En France, nous citerons parmi les diverses dispositions spéciales :

Trains express, grandes distances, au Nord, 2e classe (à 0,084) pour l'Angleterre.

Trains accélérés, grandes distances, au Nord, 3e classe (à 0,61) pour toutes directions.

En été, trains directs, sur plusieurs lignes, 3e classe (à 0,61).

Résumé général et conclusions des tableaux. — Le 1er tableau A montre clairement que la vitesse est plus grande en Angleterre qu'en France, surtout pour les 2e et 3e classes.

Le tableau n° 1, fig. 2, pl. I, montre que les prix de base moyenne des tarifs sont notablement plus élevés en Angleterre qu'en France; si ce n'est toutefois le tarif des 3es classes, pour lesquelles la généralisation du tarif anglais, dit parlementaire, et imposé par décision du parlement au moins pour un train, a amené l'égalité avec le tarif français.

Le tableau n° 2, fig. 2, pl. I, indique comment les circonstances de l'exploitation répartissent le prix minimum perçu pour chaque catégorie de train et suivant la distance. D'après les courbes, on voit que le voyageur de grande distance jouit, en Angleterre, d'un abaissement du tarif kilométrique, lequel, d'ailleurs, tend à s'introduire en France. Le voyageur de 3e classe, en Angleterre, avec même tarif qu'en France, est admis dans des trains plus rapides pour les grandes distances; mais d'un autre côté, pour les moyennes distances, on lui offre par jour un moins grand nombre de trains.

Plus grande vitesse absolue, ou moyenne de marche. — Les trains étant plus nombreux, on peut alterner les stations desservies par chacun d'eux, et réduire ainsi le nombre des arrêts. Aussi, pour ce motif, la vitesse absolue n'est pas aussi grande qu'on serait tenté de le croire, d'après l'examen des vitesses effectives inscrites au tableau ci-dessus, et l'écart entre les deux est moindre en Angleterre qu'en France. Ainsi, par exemple, cet écart est de $\frac{80-68}{80} = \frac{12}{80}$, soit 15 p. 100 de Londres à York, tandis qu'il est de $\frac{72-57}{72} = \frac{15}{72} = 21$ p. 100 de Paris à Calais.

Cela tient en outre à l'habitude où l'on est de ne pas prévoir de ralentissements aux bifurcations. Si, par exception, le signal indique de « prendre garde » (caution-signal), le mécanicien ralentit à la vitesse de 15 milles (24 kilom.) à l'heure, puis il rattrape ensuite ce temps perdu.

Les plus grandes vitesses sont atteintes sur la large voie. L'express de Bristol, partant de Londres à 11 h. 45', arrive à Swindon à 1 h. 15', franchissant sans arrêt la distance de 77 milles 1/4 (124 kilom.) en 90'; cela représente, sans rien déduire, une marche de 82 kilomètres à l'heure[1]. Il faut observer que de Londres à Didcot et même Swindon, l'établissement de la ligne est excellent, et ne présente que des pentes inférieures à 1 millimètre, et des courbes d'un rayon minimum de 3,600 mètres.

Ensuite paraît venir le Great-Northern, où le train d'Écosse fait 50 milles à l'heure (80 kilom.), le South-Eastern qui donne la même vitesse aux trains des malles françaises, et le Brighton-Ry, où l'on va de Londres à Brighton, distance de 82 kilomètres, en 1 h. 05.

Mais le chemin où se trouve le plus grand nombre de trains de vitesse et arrêts les plus éloignés est le London et North-Western. Tous les jours dix trains parcourent, dans un temps qui varie de 1 h. 50' à 2 h. 10', la distance de Londres à Rugby (133 kilom.); six de ces trains le font sans arrêts. La vitesse absolue, moins grande que pour les chemins précédemment cités, est comprise entre 45 et 40 milles (72 à 64 kilom.) à l'heure.

Les lignes où circulent ces trains rapides sont dans de bonnes conditions en plan et profil, les pentes y sont au plus de 2 à 3 millimètres, et les courbes en pleine ligne ne descendent jamais à 800 mètres de rayon.

R. Stephenson, dans une note adressée en 1860 aux directeurs du Board of Trade, critiquait l'abus de la grande vitesse, c'est-à-dire l'exagération du nombre des trains de vitesse sur une même ligne, et la signalait comme la cause de grandes perturbations dans le service, et par conséquent comme une source d'accidents.

1. Il y a sur ce trajet dix bifurcations, et si l'on compte comme en France, il faudrait déduire au moins 10' pour ralentissement, 2' pour reprise et perte de vitesse, reste seulement 78' pour 124 kilomètres, correspondant à une vitesse de 96 kilom. (60 milles anglais à l'heure).

OBSERVATIONS SUR LE SERVICE DES MARCHANDISES.

Les Compagnies anglaises ont une très-grande liberté sous le rapport du transport des marchandises. Les gares peuvent être fermées au besoin, point d'heures imposées comme ouverture et fermeture, point de délais de transport fixes; il est dit seulement qu'il se fera dans un temps aussi bref que possible.

Jointes à la concurrence, ces conditions ou plutôt cette absence de conditions ont conduit à une grande promptitude dans l'expédition des marchandises. Tant que les distances sont au-dessous de 500 kilomètres, et c'est ce qui a lieu pour les grands centres en correspondance avec Londres, les marchandises remises avant le soir partent la nuit et sont distribuées à domicile le lendemain, généralement avant midi.

En France, au contraire, les délais sont parfaitement réglés ; le fait même qu'ils sont dépassés donne un droit contre la Compagnie, et il a fallu alors les prévoir un peu largement. En outre, il entre dans l'établissement de ces délais des constantes qui rendent, pour le consommateur, les conditions du transport peu satisfaisantes pour les très-courtes distances.

Une autre cause de célérité, en Angleterre, est que le camionnage se fait en grande partie par la Compagnie, au moyen d'entrepreneurs particuliers, tandis qu'en France il est en général fait par les destinataires eux-mêmes, c'est-à-dire qu'il s'augmente au moins du temps nécessaire pour l'avertissement à domicile.

Tarifs des marchandises. — Nous rappellerons qu'ils sont tous beaucoup plus élevés qu'en France. Mais, d'un autre côté, la concurrence fait que les prix sont rarement appliqués au plein du tarif. Il y a aussi des traités particuliers sous toutes les formes, de même qu'une très-grande liberté est laissée pour relever ou abaisser les tarifs, tant qu'on ne dépasse pas le maximum.

On se trouve fort bien de l'organisation du Clearing-House. C'est un bureau central auquel la plupart des Compagnies anglaises ont confié le soin de faire la répartition entre elles de la part revenant à chacune d'elles pour les marchandises qui passent sur plusieurs réseaux.

Il s'occupe aussi du transport commun des voyageurs.

Dans une contrée qui compte plus de 150 Compagnies séparées, cette institution a un double avantage : premièrement, le public n'a jamais affaire qu'à un seul bureau ; secondement, les Compagnies évitent entre elles des contestations presque toujours onéreuses, résultant des questions de direction de transports, responsabilité d'avaries en route, etc.

Service des charbons. — Le service des trains de charbon est très-considérable. Le plus souvent les wagons appartiennent aux expéditeurs, ceux-ci donnent avis sitôt qu'ils ont formé un train, et il est immédiatement emmené par la Compagnie du chemin de fer. Le samedi soir, toutes les expéditions qui ne peuvent arriver à destination avant minuit s'arrêtent jusqu'au lundi matin. C'est ainsi que, sur le London et North-Western, la gare de Rugby concentre environ 60 trains de charbon qu'il lui faut expédier le lundi matin[1].

Vitesse des trains de marchandises. — Sur toutes les grandes lignes, la marche des divers trains de marchandises est réglée à des vitesses absolues énormes, au moins de 25 milles (40 kilom.), et souvent de 30 milles (48 kilom.) à l'heure; ils s'arrêtent le moins possible, et leur composition est ordinairement limitée à 350 tonnes brutes. Le but est non-seulement de faire arriver plus vite les marchandises à destination, mais encore de pouvoir intercaler les trains de marchandises entre les trains de voyageurs, et de déblayer rapidement la voie.

EXTENSION DES CHEMINS DE FER A L'INTÉRIEUR DE LONDRES[2].

Depuis quelques années, les chemins de fer ont cherché à amener leur *terminus* aussi près que possible de l'intérieur. Les premiers, le Chatam-Ry réuni au Brighton-Ry passèrent la Tamise, et vinrent placer leur station (*Victoria terminus*) au sud de Saint-James-Park, non loin du Parlement. Le service du Brighton-Ry se divisa alors entre cette gare et celle de London-Bridge, et des trains de banlieue furent faits pour réunir ces deux gares, en passant par Crystal-Palace.

Pendant ce temps, on construisait le Metropolitan, allant de Paddington-Station (Great-Western) à King's-Cross (Great-Northern), et à Farringdon-Street, près Saint-Paul, chemin tout à fait intérieur et presque toujours en souterrain, avec de nombreuses stations à la rencontre des principales rues. Aujourd'hui il part aussi de Moorgate-Street (City).

Le Great-Western prolongeait cette ligne par un embranchement partant de Paddington et allant jusqu'à Hammersmith.

Le Chatam-Ry, voulant avoir une communication avec le centre de la ville, obtint alors, sous le nom de *Metropolitan extension*, une ligne partant du Metropolitan à Farringdon-Street, traversant la Tamise sur un pont

1. Cette compagnie a dû même poser une troisième voie de Bletchley à Londres sur plus de 70 kilomètres de longueur. (Nous en parlerons plus loin, page 72.)

2. Les détails ci-dessous seraient plus clairement compris en suivant sur un plan de Londres, ou une carte des environs de cette ville.

touchant Blacfriars-Brigde, desservant Elephand-ant-Castle et venant reprendre, près de Herne-Hill, la ligne principale partant de Victoria-Station ; le service est partagé entre ces deux branches, chaque train de grande ligne se dédoublant ou se recomposant à Hern-Hill; il y a aussi des trains circulaires très-nombreux, réunissant les deux gares. Le chemin, arrêté d'abord à Blacfriars-Bridge, est arrivé en janvier 65 jusqu'à Ludgate-Hill, et en janvier 1866 s'est ouvert jusqu'à Farringdon-Street, son *terminus*.

La Compagnie du South-Eastern, qui n'avait que sa gare peu centrale de London-Bridge, voulut alors, pour soutenir la concurrence du Chatam-Railway, pénétrer plus avant dans Londres, et elle obtint un chemin qui passe à droite de London-Bridge, se dirige sur Waterloo-Station (L[on]-South-W[en]) à laquelle il se raccorde ; puis tournant à droite pour passer la Tamise au lieu et place de l'ancien pont suspendu de Hungerford, transformé à cet effet, arrive dans une gare placée juste à l'autre bout du pont, tout contre Charing-Cross.

Dans cette combinaison, on dessert London-Bridge au moyen des trains partant de Charing-Cross.

Non content de cela, le South-Eastern construit une gare dans la cité près de Mansion-House, réunie par un petit embranchement à sa nouvelle ligne, et traversant la Tamise non loin de London-Bridge.

Le Metropolitan projette de continuer sa ligne de Moorgate-Street jusqu'au Great-Eastern, à Fenchurch-Street, de manière à joindre toutes les gares par une réunion intérieure.

En somme, pour faire pénétrer les voies de fer à l'intérieur de Londres, on a fait environ 30 kilomètres à travers les maisons, quatre ponts sur la Tamise, quatre gares importantes et une grande quantité de stations intermédiaires. Toutes ces dispositions s'appliquent, on peut dire, uniquement aux voyageurs, développent le service de banlieue, et favorisent autant les voyageurs de grands parcours que ceux de la banlieue de Londres.

EXTENSION DES CHEMINS DE CEINTURE AUTOUR DE LONDRES.

Les lignes de ceinture autour de Londres se sont accrues en même temps que les lignes à l'intérieur.

Le North-London, desservant aussi le Hampstead-Junction jusqu'à la station de Kew, a, depuis environ deux ans, étendu son exploitation sur la ligne de Twickenham à New-Kingston. Pour cela, les trains passent sur le London and South-Western, depuis Kew jusqu'à New-Kingston. En décembre 1865, cette Compagnie ouvre un embranchement allant de Dalston à Broad-Street, au cœur de la Cité.

Une nouvelle communication a été récemment ouverte dans le West-End par le Brighton-Ry qui a disposé, pour le trafic des voyageurs, un ancien embranchement de marchandises avec une station centrale à Kensington.

Cette ligne, partant du London and North-Western, près de Willesden-Station, rejoint à Clapham-Junction-Station l'embranchement du Brighton, partant de Victoria, et la ligne du London et South-Western. La station de Kensington est également reliée au Great-Western. Il y a un service de trains très-fréquents, fait par le Great-Western, partant de Kensington et desservant le Metropolitan-Railway; d'autres trains, également faits par le Great-Western, vont de Victoria à Kensington et Southall. La voie est à trois files de rails sur deux écartements depuis Victoria jusqu'au Great-Western.

Des trains formés de wagons du Brighton-Ry font un service direct entre Euston-Square et Croydon par Crystal-Palace; la traction de Euston-Square à Kensington est faite par les machines du London and North-Western-Ry. Ces trains s'arrêtant à Chalk-Farm établissent la communication entre le West-End et le North-London.

Par la station commune de Clapham-Junction, la ligne de Kensington communique avec les trains du South-Western. Mais il y a de plus certains trains spéciaux faits depuis Kensington par le South-Western et en correspondance directe avec les trains de grande ligne de cette Compagnie.

La fig. 3, pl. I, donne la disposition des raccordements autour de la station de Clapham-Junction; dans cette station on trouve onze trottoirs couverts répartis entre neuf bâtiments, de sorte que chaque direction possède son trottoir spécial; ils communiquent entre eux par une galerie souterraine conduisant à chaque trottoir par un escalier. Les quais sont hauts, et les voyageurs ne traversent jamais les voies.

La ligne de Charing-Cross ayant été reliée à Waterloo-Station, des trains faits par le London and South-Western-Ry vont de London-Bridge à Waterloo et Kensington.

En résumé, le voyageur peut aller en chemin de fer autour de London, depuis London-Bridge jusqu'à Fenchurch-Station, revenant ainsi presque à son point de départ.

DISPOSITION DES GARES A VOYAGEURS.

Les dispositions des gares anglaises à voyageurs diffèrent un peu de celles adoptées en France, afin de répondre à des habitudes différentes; habitudes et dispositions généralement connues, et que nous ne ferons que rappeler très-sommairement avant de donner quelques détails sur des gares récentes.

On sait qu'en Angleterre la plupart des personnes sont occupées d'affaires commerciales qui n'occasionnent ou ne permettent que des absences de courte durée. Partant de là, chacun n'emporte avec soi qu'un très-minime bagage ; très-peu de colis sont remis aux fourgons, et l'enregistrement des bagages est tout à fait inconnu.

De là dérivent d'autres coutumes : ainsi le vestibule d'admission des voyageurs communique toujours directement avec le trottoir de départ, sans que les salles d'attente servent jamais d'intermédiaire. A l'arrivée, point de salle de distribution de bagages et on communique librement avec le dehors.

Pour la même raison, les facteurs (porters) que l'on trouve en assez grande quantité servent à la fois pour l'intérieur et l'extérieur.

Grandes gares têtes de lignes. — Les installations pour l'arrivée sont le plus souvent très-simples, et se composent toujours d'un trottoir assez large bordé d'un côté par la voie, de l'autre par une rue couverte faisant partie de la halle générale, et où stationnent les voitures de place, bord à bord avec le trottoir de débarquement des voyageurs. Les bagages mis dans les fourgons sont délivrés sur des tables dressées au milieu du trottoir. Ces tables occupent très-peu d'espace, même dans les gares de Londres, et il n'y a jamais de salles spéciales pour la délivrance des bagages.

Afin d'avoir une rue couverte assez étroite pour les voitures de place à l'arrivée, on fait une entrée différente de la sortie, de manière à n'avoir de mouvement qu'en un seul sens. Cela a conduit quelquefois à des dispositions particulières. Ainsi, à Victoria-Station (*à Londres*), côté du Brighton-Ry, les cabs entrent par une porte latérale en tête de la gare, traversent perpendiculairement une partie des voies sur un pont, puis redescendent par une rampe au niveau des trottoirs. A Waterloo-Station (*à Londres*), au contraire, la gare est en remblai, et les cabs s'élèvent jusqu'au niveau des trottoirs par une voie souterraine. De même à Charing-Cross.

Le côté du départ offre plus de bâtiments d'exploitation. On y trouve notamment : 1° la salle contenant les guichets de distribution des billets (*booking offices*) généralement distincts pour les diverses classes de voitures, quelquefois aussi distincts pour les diverses Compagnies aboutissant à un même *terminus*. C'est à la porte de cette salle, et sous une marquise presque toujours assez vaste, que les voitures de place déposent les voyageurs venant prendre le chemin de fer ;

2° Les salles d'attentes pour les diverses classes, 1re, 2e et 3e ; souvent ce sont des buffets (*refreshments*).

Le public est toujours admis sur le trottoir ; mais comme on contrôle les voitures au moment du départ, cela est sans inconvénient. Toutefois, on demande la présentation des billets à l'entrée de certains trottoirs con-

2

duisant aux trains de banlieue dans les gares de Londres, mais c'est surtout dans le but d'éviter des erreurs de direction.

Stations de passage. — Dans la plupart des stations importantes, où le nombre de passages des trains est assez considérable, les trottoirs divers sont réunis par des ponts par-dessous, quelquefois, suivant les circonstances, par des passages par-dessus. Nous venons de citer, page 16, la gare de Clapham. Il y a, en France, fort peu d'exemples de cette disposition; elle présente cependant, pour des gares fréquentées et avec les trottoirs élevés usités en Angleterre, certaines facilités de service; quelquefois même, comme pour la gare de Birmingham, tout le mouvement des voyageurs se fait par le pont supérieur[1].

Beaucoup de gares ont des trottoirs élevés, surtout celles qui sont regardées comme gares de banlieue; on commence cependant à y renoncer dans les nouvelles constructions: ils sont gênants pour la visite des voitures, la pose des plaques tournantes, le passage des voyageurs d'un côté à l'autre, et surtout pour la manutention des bagages.

Avec les trottoirs bas, les voyageurs montent moins facilement en voiture, mais il faut espérer que cet inconvénient, qui est le seul, disparaîtra avec les perfectionnements que l'on apportera au matériel.

Les plaques tournantes sont fort peu répandues dans les gares anglaises; la plupart des manœuvres s'y font par les changements de voies.

Lorsque deux chemins se croisent à des niveaux différents, on établit soit une station commune avec deux étages différents, soit le plus souvent deux stations tout à fait séparées, mais communiquant entre elles par un couloir couvert. Ce couloir est ordinairement divisé en deux pour les voyageurs d'aller ou de retour.

Gares importantes. Beaucoup de gares de villes très-importantes sont disposées à la fois comme stations de passage et comme stations tête de ligne. Les trains de grande ligne passent sur les voies non interrompues, telles que A, B, fig. 4, pl. I, et s'arrêtent devant la portion de trottoir *a*, *b*, les trains locaux sont reçus ou expédiés sur les voies discontinues C et D, correspondant à des trottoirs en retraite sur le précédent. C'est ainsi qu'à Derby, à Chester et dans beaucoup d'autres endroits, le service se fait avec une gare qui n'a qu'un seul côté.

DÉTAILS SUR QUELQUES GARES A VOYAGEURS.

Gare de Victoria pour les Compagnies du London-Brighton-Ry et du Chatam-Ry. — Un hôtel monumental est placé sur le côté droit de la

1. Cette gare est également remarquable par sa toiture, dont la ferme a 70 mètres de portée.

gare; celle-ci ne présente aucun ensemble : les deux Compagnies se sont partagé le terrain, et l'ont utilisé chacune à sa manière.

La gare de Brighton-Ry (placée à droite) est couverte au moyen d'une succession de toits placés perpendiculairement aux voies.

La halle du Chatam-Railway est couverte par une charpente avec fermes en arc de grande portée, fig. 5, pl. I. Le reste du terrain est couvert par des toits dans le genre de ceux de la portion du Brighton, mais n'ayant pas les mêmes dimensions; de cela il résulte un défaut d'harmonie assez choquant.

De plus, les diverses voies se réunissant en tronc commun immédiatement à l'entrée en gare, beaucoup de trottoirs ont dû être disposés en courbe, et l'effet général est loin d'être satisfaisant.

Chaque chemin a ses trottoirs d'arrivée et de départ, ses trottoirs de grande ligne et de banlieue, sa plaque tournante pour les locomotives. En outre le chemin de Chatam, qui n'a pas d'autre gare principale à Londres, a là ses services accessoires de messageries, de quais d'embarquement de voitures et chevaux, etc.

Les salles d'attente sont au fond pour le Brighton, en côté pour le Chatam.

Les voitures de place, qui viennent chercher les voyageurs, stationnent sous la halle même, et de l'autre côté du trottoir où arrive le train. Pour arriver sous la halle du Brighton-Ry, ces voitures entrent par une porte de côté à un niveau plus élevé que les voies, passent sur un pont par-dessus qui en coupe quelques-unes, puis descendent au moyen d'une rampe parallèle aux voies.

Les trottoirs sont tous au niveau de la chaussée extérieure à la gare, les voies sont un peu en déblai et à 1 mètre environ en contrebas des trottoirs. Les aiguilles sont installées suivant le système de M. Saxby, suivant lequel la plupart des aiguilles et des signaux sont dépendants les uns des autres. Le contrepoids des aiguilles est supprimé, et le levier de manœuvre affecte la forme du changement de marche à verrou des machines locomotives; comme le verrou est pris dans les dents d'un secteur, cette disposition paraît incompatible avec la manœuvre de l'aiguille à talon, manœuvre nécessaire ou tout au moins commode dans bien des cas.

Gare de Charing-Cross du South-Eastern-Ry. — Cette gare a été bâtie partie sur arcades, partie sur un énorme remblai. Les côtés latéraux sont formés par un mur de clôture, tous les bâtiments sont en tête et se composent au rez-de-chaussée des salles d'attentes et bureaux divers, au-dessus d'un vaste hôtel qui forme la façade sur la rue. La toiture est supportée par une ferme en fer d'assez grande portée, composée d'un arc sous-tendu par un autre arc de plus grand rayon, reliés l'un à l'autre par des tirants verticaux et des diagonales formant une sorte de treillis sur le principe indiqué par la fig. 6, pl. I.

La gare, dont la fig. 7, pl. I, donne le plan, est contiguë au pont jeté sur la Tamise; la dernière travée est disposée en éventail pour offrir la même largeur que la gare, et recevoir les voies convergeant des divers trottoirs. Toutes les manœuvres des trains par les aiguilles se font sur le pont.

Le service des voyageurs se fait par l'extrémité de la gare. L'entrée est libre de l'extérieur sous la halle; seulement au moment du départ d'un train, le trottoir qui y conduit est fermé par une lisse mobile, et on ne laisse entrer que les porteurs de billets; il y a de nombreux écriteaux indiquant à quels trains est affecté le trottoir où l'on se trouve et quel est le train actuellement en partance.

Tous les quais sont à environ 1 mètre au-dessus du niveau des rails. Une voie souterraine amène les voitures de place sous la halle, auprès du trottoir d'arrivée des voyageurs de grande ligne. Sur ce même trottoir, mais en tête, on trouve une salle destinée au service de la douane pour les voyageurs venant du continent. Pour économiser l'espace et pour ne mettre aucune gêne dans l'abord de la salle, le bas n'est composé que de panneaux qui s'ouvrent en se levant verticalement comme les fenêtres dites à guillotine. Cette installation est faite isolément sur un trottoir, et est indépendante du reste de la construction.

Toujours pour ménager l'espace, on s'est interdit toute formation des trains dans cette gare; il n'y a pas de plaques tournantes, mais seulement deux chariots roulants, et une seule voie est affectée au remisage des wagons. Les trains de grande ligne sont formés à Bricklayers-Arms-Station, et viennent à Charing-Cross avec leur machine, un peu avant le départ. Quant aux trains de banlieue, ils font la navette, et sont aiguillés du trottoir d'arrivée à celui de départ, afin de dégager la machine.

Le service de Greenwich, dont les trains partent toutes les 20', se fait au moyen d'une seule voie et d'un seul trottoir. Le train change chaque fois de machine, celle qui l'a amené restant emprisonnée jusqu'à son départ et ne reprenant que le train suivant.

Toutes les aiguilles placées en tête de la gare sont manœuvrées à distance, et leurs leviers de manœuvre sont groupés dans des cabanes formant postes d'aiguilleurs, placées soit sur les quais, soit sur un pont au-dessus des voies. A chaque aiguille correspond un signal du genre Sémaphore qui indique au train s'il peut entrer ou sortir. Ces leviers sont comme ceux de Victoria-Station, calqués sur ceux des locomotives, munis comme eux d'un verrou et guidés par un secteur. Pour les aiguilles, il n'y a que deux crans, et les leviers sont peints en noir; pour les signaux, il y a trois crans, et les leviers sont peints en rouge.

Gare de Waterloo du London and South-Western. — La fig. 8, pl. I, donnera une idée de la disposition de la gare de *Waterloo*, à Londres, pour le South-Western, qui réunit un service de grande ligne assez chargé et un service de banlieue très-développé.

Tout l'ensemble est porté par un grand remblai.

Il y a en réalité deux gares distinctes, chacune a son groupe de deux voies parfaitement séparé. La gare de gauche est pour la grande ligne, celle de droite un peu en retraite, et dont l'axe forme un léger angle avec la première, est affectée à la banlieue. Pour la première, les bâtiments sont sur le côté; pour la deuxième, ils sont au bout.

Les voitures de place qui amènent les voyageurs pour la grande ligne prennent l'allée *a*, divisée en deux parties, une pour la montée, l'autre pour la descente; pour la banlieue on se sert de l'allée *b*, également divisée en deux; quant aux voyageurs qui arrivent, ils trouvent des voitures sous la halle, en *c*, où elles parviennent en prenant en *d* une sorte de galerie souterraine inclinée qui les élève au niveau des voies.

La même figure indique aussi le raccordement avec la ligne du South-Eastern; il se compose d'une seule voie qui pénètre dans la gare de grande ligne par une porte spécialemeat ouverte à cet effet; la gare de jonction *e* communique avec l'autre par un trottoir couvert *f* très-court. Un service de trains faits par le South-Western met en communication London-bridge, Waterloo et Kensington.

DISPOSITION DES GARES A MARCHANDISES.

Généralités. Les gares à marchandises ne se trouvent que dans les villes importantes, mais alors elles prennent un grand développement.

Dans les gares moins importantes ou intermédiaires, on affecte à ce service un ou deux petits bâtiments et un quai attenant à la gare des voyageurs; cela suffit encore pour un assez grand mouvement. Ainsi par exemple : Douvres.

Dans les grandes villes desservies par des chemins appartenant à plusieurs compagnies, chacun a sa gare à marchandises, et il arrive quelquefois par suite de fusion qu'un chemin a deux gares à marchandises dans la même ville, ainsi le London et North-Western à Liverpool. A Londres, la plupart des compagnies ont disposé de petites gares à marchandises aux environs de la gare de Fenchurch street; les bâtiments sont au-dessous des arcades du chemin et les wagons sont montés ou descendus par des élévateurs mécaniques.

Les gares ordinaires à marchandises comprennent outre les halles : 1° un entrepôt où la marchandise peut séjourner, et 2° un grand espace pour les charbons. (Coal-Warf.)

L'entrepôt peut servir à deux buts : soit à conserver les marchandises qui ne sont pas encore vendues, soit à garder des marchandises dont la remise à domicile ne doit pas être faite par le camionneur de la Compagnie parce que l'expéditeur a déclaré qu'elles devaient être retirées par le destinataire. De cette manière on peut décharger immédiatement les wagons et les remettre en service.

Quand bien même les Compagnies ne feraient pas supporter à la marchandise des frais spéciaux de magasinage, elles trouveraient certainement avantage à libérer ainsi immédiatement leur matériel.

Ces entrepôts sont des magasins à plusieurs étages et rappellent en petit l'installation des docks. La manutention s'y fait au moyen d'appareils hydrauliques (comme au Great-Northern et au Great-Western à Londres), ou bien au moyen de transmissions mues par des machines à vapeur, comme à la gare du London-North-Western à Londres. Ce dernier système, de l'avis général des ingénieurs, présente le désavantage de dépenser la force motrice nécessaire à faire mouvoir la transmission même quand un seul engin fonctionne, ce qui n'existe pas avec le premier.

Les gares à charbon consistent le plus souvent en un grand espace couvert de voies assez écartées, de telle sorte que les chariots circulent entre les wagons et viennent se charger bord à bord avec eux.

Dans les grandes villes, et à Londres surtout, on trouve des installations spéciales où les charbons tombent du wagon dans des trémies qui l'amènent directement dans le chariot,

Les gares à marchandises anglaises sont munies d'une profusion de grues, soit mues par l'hydraulique, soit mues à la main. Ce système a été emprunté aux docks, mais là il est très-rationnel, car il faut aller plonger au fond d'un vaisseau, tandis qu'il n'en est pas de même pour un chemin de fer ; on se sert des grues pour soulever les plus petits fardeaux et il doit y avoir souvent perte de temps; en effet, pour transborder un colis du wagon dans le camion, il faut : monter la grue, la retourner de 180°, et donner le colis à une deuxième grue qui le dépose enfin dans le camion. Le petit diable à deux roues (fig. 9, pl. I), dont on se sert en France, et qui par sa construction même fournit un levier assez puissant, paraît être bien autrement expéditif. Toutefois un nombre limité de grues, de force moyenne, placées au bord des quais sous les halles, peut rendre de grands services.

DÉTAILS DE GARES A MARCHANDISES.

GARE DE LONDRES DU GREAT-WESTERN-RY.

Les manœuvres se font au moyen de chevaux.

SERVICE DES CHARBONS. — Le service des charbons se fait à un étage supérieur à celui de la gare. Les wagons sont élevés par une balance hydraulique; ils traversent sur une passerelle toute la longueur de la gare des marchandises et arrivent à un terre-plein en flanc de coteau.

Ils se déchargent dans de grandes trémies, qui, en criblant le charbon, l'amènent directement dans les voitures placées en bas. En outre, les voitures peuvent aborder le haut de ce terre-plein et prendre directement le charbon dans les wagons.

Gare des marchandises proprement dite. — Chaque voie se compose partout de trois rails aux deux largeurs. Les quais sont pourvus de grues manœuvrées par l'eau comprimée. La toiture est assez élevée pour les laisser passer, elles tournent avec ou sans l'aide de l'hydraulique. Les quais où arrivent les camions sont assez larges; il y a deux rangées de grues qui se repassent les colis, une seule ne pourrait pas suffire. Les grues sont assez rapprochées pour se communiquer toutes, soit en largeur, soit en hauteur.

Les plaques tournantes, de grande dimension et pavées en bois, sont mues à l'hydraulique, mais ne font qu'un quart de tour.

Il y a une partie qui forme entrepôt; c'est un magasin à plusieurs étages où les wagons peuvent entrer, et on enlève les marchandises par des monte-charges mus à l'eau comprimée.

Pour faire traverser les wagons d'un côté du trottoir à un autre, la partie A, fig. 10, pl. I, s'enlève, et alors le pont B roulant sur les plans inclinés *a* et *b* descend au-dessous du quai.

Accumulateur de force. — La machine qui comprime l'eau est une machine à deux cylindres horizontaux conjugués et bielles à fourche; les corps de pompe sont entre la fourche des bielles à fourche, et les plongeurs sont formés par le prolongement de la tige du piston. L'appareil est conforme au système recommandé et exécuté depuis longtemps par sir W. Armstrong de Newcastle.

Il y a un accumulateur au cylindre de pression qui a environ 0,30 (1 pied) de diamètre. La fonte a une épaisseur de 0,038 (1 pouce 1/2). Le piston est un piston plongeur de 0,275 (11^{m}) sur lequel agit un poids de 25 tonnes (50 livres), cela ferait une pression de :

$$25{,}000^{k} \text{ sur } 500^{cmq}$$

soit 41^{k} par cent. q. (soit une quarantaine d'atmosphères).

Gare de Londres du Great-Northern-Ry et du Midland. — On trouve un très-grand espace réservé aux charbons. Ils sont enlevés en ville de deux manières.

1° *Par canal.* Deux voies arrivent au-dessus d'un canal, le bateau est au-dessous, l'entrevoie est ouvert, et il suffit d'ouvrir les trappes du wagon pour décharger dans le bateau.

2° *Par camions.* Il y a plusieurs estacades et bâtiments couverts; la cour d'accès des camions est plus basse que le niveau des voies, et il y a des trémies pour racheter la hauteur. Le fond est formé par des cribles de diverses grosseurs, de sorte que le charbon en tombant se trie en trois catégories. La charrette se place au-dessous de l'ouverture de chaque trémie.

Dans cette même gare du Great Northern tout un bâtiment est consacré à la réception des pommes de terre, le quai est divisé en petites portions bien séparées et affectées chacune à un expéditeur particulier.

SIGNAUX.

Signaux des trains. — Les signaux du train aux aiguilleurs, c'est-à-dire l'indication de la direction que prend un train, se font, soit par le sifflet, soit le plus souvent par la position à l'avant de la machine de disques de diverses couleurs pendant le jour, ou de lanternes de diverses couleurs pendant la nuit. L'avant de la machine est muni le plus souvent de trois porte-lanternes en triangle, de sorte que les combinaisons sont assez variées.

Signaux destinés a défendre la voie. — Les signaux manœuvrés à distance commencent à être très-répandus, bien que sur la plupart des lignes on n'admette les signaux à distance que comme un accessoire du signal principal placé à la station ou aux aiguilles de bifurcation.

Le genre de signal adopté dans le principe et le plus répandu est le *sémaphore*, composé d'un bras mobile au sommet d'un grand mât fig. 2, pl. I.

Le bras rouge horizontal veut dire : *danger-arrêt*.
— à 45°/₀ — *attention-ralentissement*.
— vertical — *voie libre*.

La nuit, ce sont des verres de couleur rouge ou verte qui viennent se mettre devant un feu blanc fixe.

Aux bifurcations, ou pour des voies parallèles allant dans le même sens, le signal restant toujours placé près des aiguilles, on a voulu indiquer quelle était la direction libre, et voilà la disposition adoptée sur presque toutes les lignes, notamment sur le London North-Western et le Great-Northern : le poste du préposé aux signaux et aux aiguilles est élevé à cinq ou sept mètres au-dessus du sol (fig. 12, pl. I), et au moyen de renvois de mouvement on manœuvre de cette guérite signaux et aiguilles. A est pour la voie principale, B pour la voie d'embranchement; les bras *c* et *e* sont pour les voies de départ, *d* et *f* pour les voies d'arrivées. Des fenêtres en tous sens permettent de bien surveiller la voie. Cette installation dans une guérite plus ou moins élevée des divers leviers de signaux ou d'aiguilles est aussi adoptée pour les signaux autres que ceux des bifurcations et paraît convenable pour assurer les agents contre l'intempérie du climat.

Le même arrangement de signaux a été étendu aux principales aiguilles des gares. Ainsi, par exemple, beaucoup de stations sont disposées avec quatre voies (fig. 13, pl. 1), de manière à faire passer dans le milieu les trains express, tandis que les trains omnibus se garent le long du trottoir. A quelques chemins, et notamment au South-Eastern-Ry, on met le sémaphore au droit des aiguilles prises en pointe, et les leviers de manœuvres des aiguilles ainsi que des signaux sont enfermés dans une cabine placée le plus souvent en travers au-dessus de la voie pour ménager l'espace. Comme autre exemple d'extension d'un tel arrangement aux aiguilles des stations, nous citerons notamment les abords de la gare de London Bridge (South-Eastern) et la gare nouvelle de Charing-Cross.

Cette organisation de signaux, et l'opinion admise qu'avec une voie bien établie la prise à grande vitesse d'aiguilles en pointe n'est pas dangereuse, ont répandu l'habitude de franchir les bifurcations presque sans ralentissement, et on manœuvre d'après le principe suivant : lorsque l'heure d'un train approche, on lui ouvre le passage en laissant fermées toutes les autres directions; si le train est en retard, et s'il s'en présente un d'une autre direction, on s'assure que le train primitivement attendu n'est pas en vue, on lui ferme la voie et on laisse passer le deuxième train. Le signal étant au point même protégé il n'y a pas à craindre que le train ne l'ait dépassé au moment où on le ferme, ce qui arrive avec les signaux à distance, et c'est pour cette raison que beaucoup de Compagnies anglaises, en adoptant le signal à distance, ne l'ont considéré que comme prévenant le mécanicien de la position du signal placé au point protégé, mais ne le dispensant pas d'observer celui-ci. En temps de brouillard ou dans d'autres cas où les signaux ne se voient pas de loin, il est prescrit alors aux mécaniciens de n'aborder tous ces points qu'avec précaution et étant alors maîtres de leur train.

En résumé, on voit que dans l'organisation généralement répandue en Angleterre, les signaux sont placés au point même à protéger, et comme complément, on met quelques signaux à distance. Les aiguilles de bifurcations ou de principales directions dans les gares sont accompagnées de signaux, et il y a autant de signaux que de directions à indiquer. Comme facilité de manœuvre, on groupe dans une même cabine, généralement assez élevée au-dessus du sol, les leviers de manœuvre des aiguilles et des signaux qui leur correspondent.

Outre les sémaphores, on trouve aussi des organisations qui se rapprochent de celles adoptées en France, c'est-à-dire des signaux tournant autour d'un arbre vertical et manœuvrés à distance. Toutefois le plus souvent les signaux de bifurcations ont une forme particulière. Nous citerons divers exemples : comme signaux ordinaire, le Midland-Ry et le

North-Eastern Ry emploient une sorte de rectangle, fig. 14, pl. I; et le Lancashire-Yorkshire une sorte de double disque, fig. 15, pl. 1.

Ces signaux ne donnent que deux indications, rouge et blanc.

Au Great-Western et quelquefois au London and North-Western, le mât porte une sorte de T, qui donne l'indication rouge, fig. 16, pl. I, et en outre un disque à 90° avec le précédent qui présente sa face quand l'autre est tourné.

Sur le Great-Western, on trouve aux bifurcations : 1° un signal ordinaire pour la ligne principale; 2° pour l'embranchement, un signal formé par la superposition de deux signaux ordinaires.

Dans cette même compagnie les signaux de nuit alimentés au gaz se composent d'un bec placé au centre d'une lanterne tournante, ronde, portant des verres des trois couleurs, fig. 17, pl. I. Le principe de cette disposition a été également adopté pour des sémaphores, notamment à la nouvelle gare de Charing-Cross.

Le North-British et le Edimburgh and Glascow emploient le signal tournant représenté fig. 18, pl. I, composé de trois lames disposées à 90°/₀ de manière à pouvoir donner les trois indications : blanc, vert, rouge.

Au London and South-Western, les signaux sont des disques ou des sémaphores placés aux points à protéger et doublés de disques à distance, que le train doit toujours dépasser, afin d'être couvert par eux. Ils affectent diverses formes motivées sur ce qu'on rencontre souvent des voies allant dans le même sens et parallèles :

Pl. I, fig. 19, signal rouge indique l'arrêt pour tout train s'avançant sur une voie quelconque.

Fig. 19_2 et 19_3, signal rouge indique l'arrêt pour tout train arrivant sur la voie du côté de laquelle se trouve la portion rouge du signal.

Fig. 19_4, un disque vert placé au-dessous d'un autre signal indique qu'il est relatif à un embranchement et ne doit être observé que par les trains qui s'y dirigent. En principe, ces signaux sont toujours fermés, et le signal d'arrêt est fait pour la ligne principale avant d'ouvrir l'embranchement.

Il existe des gares où les aiguilles font quelquefois mouvoir de petits signaux qui indiquent leur position, comme au Great-Western, gare de Padington à Londres.

On a essayé plusieurs dispositions pour manœuvrer simultanément les aiguilles et les disques destinés à les protéger, elles n'ont pas paru plus simples ni plus sûres que les autres dispositions usitées.

Postes télégraphiques de sureté. — Pour éviter que les trains ne se rattrapent, le North-Western et le Great-Northern, ont aux abords de Londres, installé de distances en distances des signaux avec postes électriques; ces postes indiquent seulement si la voie est ou non libre. On laisse au plus deux trains s'engager à la fois sur une même section, mais en réduisant la vitesse du deuxième.

II. MATÉRIEL ET TRACTION.

DÉPOTS.

Remises des machines. — On trouve tous les divers systèmes de remises; mais quand une Compagnie a adopté un type, elle le conserve assez volontiers. Par exemple la Compagnie du Midland emploie de préférence les rotondes ; la Compagnie du London et North-Western les hangars longs ou larges.

La Compagnie du North-Eastern a, près de Newcastle, une remise singulière composée d'un grand hangar rectangulaire sous lequel se trouvent quatre plaques tournantes disposées en quinconce avec voies rayonnantes autour de chaque plaque.

En général, il n'y a qu'une plaque tournante, même pour les dépôts importants ; on n'a rencontré nulle part de plaques manœuvrées par des locomobiles.

Une partie du dépôt est affectée à la réparation d'entretien courant des machines, à moins qu'il n'y ait un petit atelier de dépôt spécial, ce qui arrive souvent.

Les dépôts, comme ces petits ateliers, sont éclairés au gaz ; et dans la plupart, notamment au Chatam-Railway, pour travailler dans l'intérieur d'une machine on s'éclaire en ajoutant, sur la conduite de gaz, un tuyau en caoutchouc très-long, terminé par un bec portatif.

Quais de chargement de combustible. — Les quais de chargement de combustible sont disposés d'une manière simple et commode pour le prompt embarquement du combustible sur le tender.

Même dans les grands dépôts, l'espace consacré au chargement des tenders est très-restreint, et il y a toujours très-peu de combustible emmagasiné.

La disposition généralement adoptée consiste à amener les wagons sous un hangar, le long d'un quai peu large; de l'autre côté est une voie couverte par le porte-à-faux de la toiture du hangar, et on transborde le coke ou le charbon directement dans le tender. Quelquefois même on fait cette opération en mettant le tender et le wagon bord à bord. Autant que possible les hommes travaillent à couvert.

Très-souvent on dispose une grue qui saisit une benne de grande dimension et la déverse dans le tender; en ayant soin d'avoir plusieurs bennes toutes prêtes, le chargement d'un tender est ainsi très-vite fait (fig. 20 et 21, pl. I).

On trouve dans quelques dépôts des dispositions plus complètes, mais aussi plus compliquées.

Au dépôt du London et North-Western à la station de Ordsal-Lane, près Manchester, les bennes à charbon sont suspendues à une couronne tournant autour d'un axe incliné, fig. 22, pl. I; une petite potence munie d'un crochet à levier A, B, C, sert à prendre la benne en D et à l'approcher du wagon à charbon pour l'emplir; puis ensuite à le poser sur une bascule E pour le peser.

Sur la voie M est une grande bascule pour avoir le poids des wagons de charbon.

Au dépôt du London et North-Western à Rugby, le combustible est chargé au moyen de l'appareil représenté fig. 23, pl. I, et composé de paniers en tôle portés sur quatre bras tournant autour d'un axe horizontal. Le tout est placé sur un chariot qui se roule du tas de coke au tender à charger.

Grues hydrauliques. — Sur beaucoup de chemins on a conservé l'ancien système de grues hydrauliques avec grand bras tournant, et avec galet A, fig. 27, pl. I, montant sur un plan incliné hélicoïdal B; il en résulte que le bras s'efface par son propre poids sitôt qu'on l'abandonne à lui-même.

Le plus souvent il n'y a de vanne régulatrice qu'au pied de la grue.

On trouve quelquefois pour le réchauffage de la grue en hiver une disposition analogue à celle du chemin du Nord français, savoir : une colonne en fonte enveloppant la conduite d'eau, présentant un ou deux orifices à sa partie supérieure et formant la cheminée d'un petit poële à menu coke placé au pied de la grue.

Cheminée d'allumage. — On rencontre fréquemment des cheminées ou hotte d'allumage de machines. A Crewe, la hotte règne sur toute la longueur d'une des voies de la remise rectangulaire, de sorte qu'elle sert pour les machines arrêtées en un point quelconque (fig. 26, pl. I).

ATELIERS DE RÉPARATION.

Les ateliers sont le plus souvent renfermés par une enceinte et complétement séparés de la voie du chemin de fer.

Les heures de travail sont de 6 heures du matin à 6 heures du soir, mais avec un repas de plus qu'en France, pour lequel on donne une

1/2 heure à 3/4 d'heure d'arrêt le matin, vers huit heures; le dîner a lieu de midi 1/2 ou 1 heure à 2 heures.

Les ouvriers travaillent presque tous à la journée. Le prix moyen de la journée est de 6 à 8 francs; il est bon de dire que le repos absolu du dimanche est rigoureusement observé. L'atelier ferme le samedi à une heure pour permettre à chacun de s'occuper de ses affaires, et aussi pour faire le rangement et le nettoyage. Toutefois, le samedi soir est toujours payé comme si on travaillait. Dans les ateliers, comme en général dans toute usine anglaise, les ouvriers ne sont admis qu'à la condition expresse de faire partie d'une association de secours. Ces associations, qui sont en très-grand nombre, sont administrées soit par des Compagnies particulières, soit par les ouvriers eux-mêmes sans aucun patronage des administrations. Celles-ci se réservent toutefois, en certains cas, d'approuver le choix du médecin.

Les ouvriers de Crewe, par exemple, donnent 1 shilling (1 fr. 25) par semaine, et reçoivent 12 shillings (15 fr.) par semaine de maladie ou de chômage.

Pour le *chauffage des ateliers*, on trouve presque partout de gros tuyaux circulants dans les ateliers et disposés de manière à chauffer par circulation d'eau chaude.

Une coutume, due à l'absence d'écoles professionnelles en Angleterre et qui existe dans toutes les grandes usines et fabriques, consiste à admettre à titre d'élèves (*pupils*), et moyennant pension, un certain nombre de jeunes gens qui font de la sorte leur apprentissage du métier d'ingénieur. Cet usage est passé dans les chemins de fer, et les Compagnies ont permis à leurs principaux chefs de service de prendre des *pupils* auprès d'eux.

A Swindon, à Doncaster et ailleurs, on trouve un lieu spécial de réunion, sorte de cercle (*institute*) où peut se rendre le personnel de l'atelier et où il trouve des journaux et des livres scientifiques ou littéraires[1]; il y trouve aussi une grande salle dans laquelle il peut faire un meeting ou se livrer à toute autre distraction.

DÉTAILS SUR DIVERS ATELIERS.

Dispositions d'ateliers. — Un atelier digne de remarque, comme installation d'ensemble, est celui de MM. Beyer et Peacock, à Gorton, près de Manchester, bâti à neuf il y a seulement quelques années,

1. A Swindon nous avons remarqué un journal hebdomadaire spécial à la Compagnie, distribué à ses agents et où l'on insère, entre autres, les circulaires et avis que l'on veut porter à la connaissance du personnel.

l'ancien ayant été cédé à la Compagnie du Manchester-Sheffield and Lincolnshire-Ry.

Un autre atelier remarquable est celui du London and North-Western, à Crewe, non plus comme disposition, car ses agrandissements successifs ont détruit tout plan d'ensemble, mais à cause des aménagements ingénieux que M. Ramsbottom y a introduits.

Dans les divers ateliers, on a remplacé autant que possible les manœuvres à bras par des manœuvres par machines, celles-ci étant en Angleterre relativement moins chères à cause du prix élevé de la journée. Ainsi, dans la chaudronnerie et les divers montages, les lourdes pièces sont levées par des treuils montés sur un chariot roulant à la partie supérieure de l'atelier et dans toute la longueur, comme cela est d'usage général en Angleterre; de plus à Crewe le treuil et le chariot sont mus par des *renvois* pris sur la transmission de l'atelier, et un seul homme suffit pour toutes les manœuvres.

Dans l'atelier des roues, les divers tours sont desservis par des grues qui peuvent se déplacer, soulever leur charge, tourner sur elles-mêmes, le tout mécaniquement et d'après le même principe que les chariots.

La voie de fer ordinaire ne peut pénétrer partout, aussi on a placé dans tout l'atelier une voie à écartement de $0^m,46$ et courbes de $4^m,50$ desservie par des chariots spéciaux que peuvent remorquer une locomotive en miniature. C'est une petite machine tender à quatre roues couplées, de $0^m,38$ de diamètre, écartées de $0^m,92$.

Cylindre de $0^m,11$ de diamètre, $0^m,15$ de course, de 8^{mq} de surface de chauffe, portant 140 litres d'eau dans une caisse placée au-dessus de la chaudière. Elle pèse 2 tonnes 1/2 et peut remorquer 15 tonnes.

Dans quelques ateliers de montage, les machines arrivent par une voie centrale qui reste toujours libre, et sont placées au moyen du chariot supérieur sur des voies de réparation perpendiculaires à celle-ci.

Aux ateliers du L. S. W. à Nine-Elmes, Londres, le chariot de service à été muni de deux treuils (*fig*. 30, pl. I), mus à volonté par la locomobile, et destinés à attirer les voitures jusqu'au chariot au moyen de prolonges.

Machines motrices. — A l'atelier de Beyer et Peacock, et à l'atelier de Derby, du Midland-Ry, les machines motrices des ateliers sont des mécanismes de locomotives à deux cylindres intérieurs. Les manivelles sont équilibrées et il n'y a pas de volant. Ces machines montées sur un cadre en fonte se plaquent contre la muraille où elles tiennent très-peu de place : l'axe de l'arbre à manivelle est à la même hauteur que l'arbre de la transmission, qu'elles commandent ainsi directement.

Outils. — Dans quelques ateliers, et notamment dans ceux du Great-Western, à Swindon, on emploie de petites meules pour finir de tourner les bandages. Elles sont montées très-simplement à la place de l'outil ordinaire et tournent en sens contraire du bandage.

L'emploi des fraises est assez général, soit pour raboter, pour dresser, faire des têtes de boulons, etc.

A Crewe, on transforme des trous ronds en trous carrés, dans de la fonte ou du fer, en enfonçant à force dans le trou un mandrin en acier à couteaux échelonnés (fig. 28, pl. I).

On a installé des meules horizontales destinées à planer les longerons et à les dresser sur les bords.

On trouve également à Crewe comme engins propres à l'entretien des machines :

1° Un appareil pour dresser sur place les tables de tiroirs, composé en principe de deux outils A et B, fig. 31, pl. I, à mouvement croisé, commandés par deux vis sans fin et animés d'un mouvement de translation. Tel qu'il est, il ne peut s'installer facilement que dans les boîtes à tiroirs ouvertes par les deux bouts;

2° Un appareil pour dresser sur place les glissières des plaques de garde, sur le même principe que l'appareil précédent;

3° Une sorte de marbre avec châssis d'après lequel sont tracés, ajustés et montés tous les cylindres et qui permet d'avoir en magasin des cylindres de rechange avec les trous tout percés.

Dans l'atelier de Beyer et Peacock, on remarque entre autres deux outils qui caractérisent la tendance actuelle, c'est-à-dire qui sont destinés à travailler les grosses ou les petites pièces :

1° Une grande machine à percer, composée d'un banc d'une très-grande longueur sur lequel se déplacent à volonté trois porte-outils pouvant travailler simultanément ou séparément;

2° Une grande machine à planer, formée également d'un banc très-long et de trois porte-outils.

On voit aussi un tour à essieux coudés de Sharp, où l'on a porté à sept le nombre des outils travaillant en même temps.

Parmi les outils employés pour le bois, on a surtout remarqué :

1° Une grande machine à raboter, aux ateliers de Stratford, près Londres (du Great-Eastern), composée d'un grand plateau circulaire à axe vertical B, fig. 29, pl. I, portant des couteaux à sa partie inférieure, et agissant à la fois sur deux pièces de bois E et F, qui se meuvent en sens contraire;

2° Aux ateliers de Crewe, un outil pour tourner les bois avec méplat, disposé à peu près sur le principe des machines à copier les sculptures.

Mode de fabrication de diverses pièces. — Les grands ateliers fabriquent toute sorte de pièces, même les plus grosses; ainsi à Crewe on fait des bandages en fer, étirés au marteau, soudés, puis mis en rond à la machine spéciale. On fait aussi les essieux droits de machines, ils sont en fer avec fusées cémentées, et les essieux coudés en métal Bessemer.

A Crewe, comme dans les autres ateliers, les longerons sont toujours faits en deux ou trois morceaux découpés dans des plaques de tôle, et soudés ensuite à la forge. On n'a pas encore confiance dans la qualité des grandes feuilles de tôle où l'on peut découper des longerons d'une seule pièce.

Le procédé employé à Crewe et chez Beyer pour la fabrication des roues, et qui paraît le plus usité, consiste à façonner les pièces de la jante et les rais, puis à les souder par encollage en rapportant deux galettes dessus et dessous.

Les dômes de prises de vapeur sont d'un diamètre qui dépasse rarement $0^{m},60$; la partie supérieure, sur $0^{m},8$ de haut, est formée d'une cloche en fer forgé, composée de trois morceaux soudés ensemble.

Extension de l'emploi du métal Bessemer.

La figure 24, pl. I, donne l'installation des convertisseurs telle qu'elle est ordinairement adoptée d'après les plans de Bessemer lui-même, et dans son usine et dans celle de John Brown à Sheffield, et dans la plupart des autres. Deux appareils sont adossés au mur, donnant dans la même cheminée de décharge, et sont desservis par le même piston hydraulique supportant la poche à couler B.

Le convertisseur bascule autour du pivot P, à l'aide d'une transmission également hydraulique, le vent arrive par le pivot et un tuyau A indiqués en ponctué sur la figure.

Lorsque l'opération est terminée, on verse le métal dans la poche B que le piston hydraulique soulève, fait tourner et amène au-dessus des lingotières M. Pour couler, on ne renverse pas la poche, on débouche une ouverture ménagée dans le fond.

La Compagnie du London-North-Western a fait des essais de métal Bessemer tant pour les rails que pour diverses pièces de machines, et ayant obtenu des résultats satisfaisants, elle s'est décidée à adopter son emploi sur une grande échelle, surtout pour les rails et les essieux coudés, et de plus a voulu le fabriquer elle-même. M. Ramsbottom, son ingénieur en chef pour la partie mécanique, a installé, près des ateliers de Crewe, les appareils nécessaires pour la production.

Avant de se décider à l'adoption des rails en Bessemer, on a posé, aux environs de la station de Camden, près Londres, et dans un endroit où il passe 8000 wagons de marchandises par jour, une des files de rails en acier, l'autre en fer. Ces derniers ont dû être renouvelés sept fois du milieu de mai 1862 au milieu de l'année 1865, tandis que les rails en acier étaient encore en service.

Les rails sont passés aux laminoirs qui servaient pour la réfection des rails en fer.

Les essieux coudés ont amené la construction d'une série d'appareils spéciaux :

1° Une grande scie circulaire de 2m,45 de diamètre, mue directement par un cylindre à vapeur spécial, servant à couper à chaud l'acier Bessemer;

2° Un marteau de forme originale, destiné à éviter les réactions qui se produisent dans les marteaux-pilons ordinaires entre la panne et la chabotte, et dont la fig. 25, pl. I, indique le principe. La chabotte est supprimée, deux masses de formes identiques se meuvent horizontalement sur galets à la rencontre l'une de l'autre, et font bélier sur l'essieu à forger; leur mouvement est produit par un seul et même cylindre placé verticalement au-dessous du sol actionnant chacun des marteaux par une bielle oblique. L'essieu à forger est supporté par des sortes de pointes placées perpendiculairement au chemin des marteaux.

On prend des masses (lingots) plates rectangulaires, on forge les manivelles faisant saillie sur le corps et dans le même plan, puis on les tord pour les amener à 90° ;

3° Une fraise puissante et de grande dimension, formée de crochets ou burins serrés entre deux plateaux : elle mord dans le métal au droit de la manivelle jusqu'à la partie destinée à devenir le tourillon moteur; arrivé là, l'essieu n'avance plus, mais il prend un mouvement de rotation autour de l'axe de ce tourillon, de manière à le faire dégrossir par la fraise.

Outre ces emplois, le métal Bessemer est encore très-souvent employé pour les pièces de changement de voie, surtout pour les cœurs des croisements qui sont généralement coulés en une pièce.

On fait aussi beaucoup de ressorts spirales en métal Bessemer; la barre étirée de forme elliptique est enroulée sur un cylindre suivant une hélice de 70 à 80 centimètres de longueur; elle est ensuite amenée sous un piston a vapeur qui, par compression, rentre les spires à la hauteur de 12 à 20 centimètres que les ressorts ont finalement, et on achève en les trempant et recuisant.

VOITURES ET WAGONS.

Les ingénieurs paraissent maintenant d'accord sur l'emploi exclusif des véhicules à quatre roues. Le Great-Western, tout en conservant ses voitures à six roues, n'emploie pour ses chemins à voie étroite que du matériel à quatre roues.

Un fait important à remarquer, c'est que dans ces dernières années les grandes Compagnies ont entièrement renouvelé toutes leurs voitures à voyageurs; actuellement, elles se rapprochent des voitures françaises comme confort. D'un autre côté, on a cherché à ne pas les rendre désavantageuses pour la Compagnie en augmentant le nombre des compartiments par véhicule.

Les types prédominants sont la voiture mixte à quatre compartiments, deux de 1re classe et deux de 2e classe, et la voiture de 3e classe à cinq compartiments, le tout installé sur un écartement d'essieux extrême raisonnable.

Comme matériel destiné à un but spécial, le matériel construit dernièrement par le Great-Western pour exploiter le chemin de fer souterrain de Londres, dit le *Metropolitan-Railway*, est digne d'étude, et on trouvera page 75 les détails et les renseignements qui lui sont propres.

Communication des agents du train. — Généralement dans chaque train de voyageurs une corde ou tringle va depuis le dernier garde jusqu'à un timbre ou sifflet placé près du mécanicien.

La corde est enroulée sur une grande roue à gorge placée dans le fourgon du chef du train, de manière à faire varier facilement la longueur.

Les marche-pieds et mains-courantes sont aussi presque toujours disposés de manière à permettre la circulation en marche.

Voitures a voyageurs. — Les coupés, soit comme 1re classe, soit comme places de luxe, sont presque inconnus. Quelques Compagnies ont des compartiments spéciaux pour fumeurs.

Les voitures de 3e classe ne sont jamais qu'en petit nombre. On trouve en Écosse des voitures de 4e classe où le voyageur est debout. On trouve aussi en Écosse une Compagnie (*Edinburg-and-Glascow-Ry*) qui n'a pas de voitures de 2e classe, ses trains locaux sont composés seulement de 1re, 3e et 4e. Les trains express prennent des voyageurs de 2e classe parce qu'ils ont toujours des voitures de cette classe provenant des autres lignes en correspondance.

Les compartiments de 1re classe sont beaucoup moins luxueux que ceux de France; la longueur, presque toujours un peu moindre, est généralement 6 pieds (1m,83), et la garniture en étoffe ne monte jamais plus haut que le filet; en outre, les montants des portières et fenêtres en sont totalement dépourvus; des toiles cirées ou des bois exotiques vernis complètent l'ameublement, qui est d'un bon aspect du reste. Les châssis vitrés des portières sont seuls mobiles. Une lampe est en général commune à deux compartiments. Aucun drap ne retombe pour cacher le dessous de la banquette.

Les compartiments de 2e classe sont assez longs et spacieux; leur longueur va jusqu'à 1m,70, mais ils n'offrent aucun confortable; la garniture s'élève à peine au milieu du dos, et dans les voitures neuves le siége n'est qu'en partie rembourré et laisse un creux où se logent les cannes, parapluies, etc. (Fig. 7 et 8, pl. II.)

Il n'y a jamais ni filets, ni patères, ni rideaux.

Sur quelques chemins, le Great-Western entre autres, les 2es ne sont pas du tout rembourrées.

On trouve aussi des voitures mixtes avec un ou deux petits compartiments pour les bagages qui ne peuvent tenir sous les banquettes. Ce système remplace avec avantage le chargement sur l'impériale de la voiture ; ces wagons servent surtout pour les embranchements.

Il est à remarquer que pour éviter autant que possible les changements, on met, dans la plupart des trains, des wagons pour les localités, même d'importance secondaire, qui ne se trouvent pas sur les grandes directions, et l'indication de la destination de chaque voiture est indiquée avec beaucoup de soin par un écriteau qui reste tout le long de la route.

Cet usage, tant des écriteaux que des voitures avec bagages, usité seulement par exception en France, deviendra bientôt nécessaire parce que le réseau se complique de plus en plus ; avec les écriteaux sur les voitures, on éviterait souvent bien des erreurs aux bifurcations et aux gares à rebroussement.

Entraxe extrême. — Les voitures nouvelles sont très-longues, et l'entraxe des essieux va jusqu'à 4m,80 ; il est le plus ordinairement de 3m,60 à 4 mètres; grâce à l'augmentation du nombre des compartiments, le rapport entre le poids mort et le poids utile est devenu plus avantageux ; le poids total et surtout l'empâtement du véhicule ayant augmenté, sa stabilité s'est améliorée ; ces wagons sont tous très-doux, même aux plus grandes vitesses.

Freins ordinaires sur voitures. — On trouve rarement des freins sur les voitures à voyageurs, et, quand il s'en trouve, il n'y a souvent ni guérites, ni vigie, la manivelle étant placée dans un compartiment ordinaire de 2e ou de 3e qui devient un compartiment de service, mais peut, néanmoins, recevoir les voyageurs en cas de besoin.

Doubles loquets, tringles aux fenêtres. — A aucune voiture on ne trouve de doubles loquets aux portières.

Sur quelques chemins, South-Eastern, Chatam-Ry, on a mis aux fenêtres des tringles destinées à empêcher les voyageurs de sortir la tête par la fenêtre.

Extérieur des voitures. — On peut dire qu'il y a égalité entre l'emploi des wagons recouverts extérieurement en tôle ou en bois vernis.

La première disposition est presque uniquement adoptée par les Compagnies du London and North-Western, Midland, North-Eastern, Great-Eastern, South-Eastern, Caledonian, etc.

La deuxième est également employée par de grandes Compagnies, notamment : le Great-Western et ses embranchements, le Great-Northern, le Lancashire, le Edimburg-and-Glascow, le London and South-Western, le London-Chatam-Dover, etc.

On applique généralement une couleur distincte aux voitures de 3e classe.

LANTERNES. — Les lanternes ne sont pas fixées aux wagons; on les enlève tout entières pendant le jour pour les nettoyer et les replacer le soir.

ESSAIS D'ÉCLAIRAGE AU GAZ. — Faits avec succès sur le Lancashire-Yorkshire et sur Metropolitan-Railway. (Nous en parlerons plus bas à l'occasion de ce chemin, p. 75.)

FOURGONS. — Ils sont assez grands; l'espace réservé au garde est toujours considérable, et fait quelquefois saillie en largeur et en hauteur.

Ces wagons ont toujours un frein, et la forme la plus employée est celle dite à barres-guides; une variante nouvelle, et qui paraît recommandable, est le frein du North-Staffordshire, dans lequel les glissières porte-sabots sont supprimées; les sabots sont articulés par des bielles attachées aux barres-guides, comme l'indique la fig. 11, pl. II.

Les fourgons sont souvent en bois de teak, l'intérieur est presque toujours en bois simplement verni.

Les faces antérieures et postérieures sont souvent peintes en rouge.

FREINS S'ÉTENDANT A PLUSIEURS VOITURES. — Le système Newall, un peu modifié, est employé d'une manière courante sur le Lancashire-Yokrshire-Ry, sur le North-Bristish-Ry; on l'emploie aussi au London-North-Western, mais seulement pour les trains express d'Écosse. On l'installe en ce moment sur le London and South-Western. Au North-London, chemin exclusivement de banlieue, on trouve un frein qui agit sur toutes les voitures. Nous donnerons plus loin quelques détails sur ces systèmes.

Le South-Eastern emploie dans ses trains express des voitures munies du frein de sûreté Cremer, dont on n'a pas voulu en France, après essais, parce qu'il n'est qu'un frein de détresse.

WAGONS A MARCHANDISES. — Les wagons sont de toutes formes; leur caractère saillant est d'être d'un aspect robuste, ce qui s'explique par les longues absences qu'ils sont appelés à faire loin de leur ligne-mère.

Beaucoup de wagons, surtout des wagons à houille, appartiennent à des particuliers dont ils portent le nom et la marque; en outre ils reçoivent de la Compagnie sur les rails de laquelle ils circulent une plaque portant un numéro d'ordre et une indication spéciale.

Tous les wagons construits dans les dernières années, sauf ceux pour usages spéciaux, sont à quatre roues, la plupart munis de freins à main agissant sur les deux paires de roues. Les tampons secs sont encore en grand nombre.

La tendance générale est d'augmenter le poids de chargement ; pour les wagons à marchandises ordinaires, il est le plus souvent au-dessous de 10 tonnes, et n'atteint que rarement cette limite. Sur un chemin où le matériel est étudié avec soin, le Great-Northern, il est au plus de 8 tonnes. Et cependant, à cause de la nécessité ci-dessus indiquée de faire des wagons solides, le poids mort est plus considérable que celui des mêmes wagons en France.

La couverture de presque tous les wagons couverts présente des panneaux mobiles afin de permettre le déchargement par les grues. Ces panneaux glissent sur la toiture dans les rainures faites exprès. Les wagons sont aussi munis d'une espèce de petit pont formé ordinairement de la portion inférieure de la porte de chargement.

Pour les wagons de houille, excepté pour les petits wagons pyramidaux des environs de Newcastle, et les petits wagons cubiques des environs de Cardiff, on va presque toujours à 10 tonnes; certains constructeurs ont même fait pour des particuliers des wagons destinés à la voie large, et chargeant 12 tonnes sur deux essieux. Les dimensions des essieux ont paru bien faibles, surtout quand on sait que la vitesse normale des trains de charbon dépasse quelquefois 40 kilomètres à l'heure.

Quelques chemins ont des grues roulantes, de manière à accompagner les trains ordinaires. Sur d'autres (par exemple le Midland) on trouve certains fourgons à marchandises qui sont munis d'une petite grue.

Emploi du fer dans la construction des wagons et voitures. — On en trouve quelques essais, cependant peu de wagons sont entièrement en fer. Ordinairement c'est tout ou partie, soit du châssis, soit de la caisse. On a fait souvent usage de la tôle ondulée pour parois ou toitures.

Quoique l'on s'accorde en général à trouver ces essais satisfaisants, on n'est pas fixé sur les parties les plus convenables à faire en fer, et on n'en généralise pas l'emploi.

Les longerons anglais en fer sont faits d'une feuille de tôle de 10 à 15 millimètres, qui paraît beaucoup moins convenable pour cet usage que le fer double T dont se servent les Allemands.

Formes des roues et des fusées des voitures et wagons. — Les roues en étoile, comme à l'Est français, avec moyeu en fonte, sont encore les plus répandues ; on trouve beaucoup de roues pleines en fer et beaucoup de roues en bois. On a essayé partout de fixer le bandage à la roue sans l'intermédiaire de rivets, en rabattant une portion du bandage soit sur tout un côté de la roue, soit sur quelques clefs en fer agrafées à la roue : mais la tendance générale paraît être de revenir au système primitif.

On renonce pour les wagons aux fusées coniques, on ne les conserve que sur le Great-Western où l'on remplace en même temps tous les coussinets en bronze par des coussinets entièrement en métal blanc (*White metal*).

GRAISSAGE. — Jusqu'en 1862, on n'avait fait que quelques essais isolés d'emploi de l'huile; en général, tout le matériel était graissé avec une graisse jaune que chaque Compagnie faisait elle-même, et qui paraissait d'assez bonne qualité.

Toutefois, entraînés par l'exemple du continent, ils se sont décidés tous à admettre l'huile, mais en écartant les systèmes compliqués, et tous, chose assez rare, ont adopté uniformément la même disposition, probablement parce qu'elle ne change rien à la boîte ordinaire, et que les wagons se mélangeant dans toutes les Compagnies, on ne pouvait songer à varier les systèmes.

La disposition adoptée fig. 10, pl. II, consiste à garnir le réservoir, jadis rempli de graisse, par une petite poche en feutre terminée par un col ou tuyau d'environ 5 millimètres à 10 millimètres de diamètre. L'huile se verse dans ce réservoir, et filtrant goutte à goutte à travers le feutre, se rend au coussinet par les lumières ordinaires. Les secousses de la marche accélèrent beaucoup ce filtrage qui est sensiblement nul en temps d'arrêt. Le dessous de boîte est disposé de manière à recueillir l'huile en excès.

M. Beattie, du London-South-Western, fait la poche un peu plus petite et remplit la partie du réservoir restée vide, avec une graisse peu fluide, destinée à fonctionner seulement dans le cas où la fusée chaufferait par trop.

DÉTAILS SUR QUELQUES VOITURES RÉCENTES.

Comme nous l'avons dit aux généralités, les voitures nouvelles des chemins anglais sont dans de bonnes conditions; nous donnons ici quelques détails sur les plus remarquables.

VOITURES DU LONDON AND NORTH-WESTERN. — Les fig. 1, 2, 3, pl. II, en représentent quelques-unes. Elles sont installées sur un même chassis, présentant un entraxe d'essieu d'à peu près 3m,70. Les plaques de garde sont extérieures aux ressorts. Les caisses ne débordent pas le châssis.

L'admission des deuxièmes classes dans les trains express fait qu'on ne construit plus de voitures uniquement de première classe. On trouve :

1° des voitures de 1re et 2e cl., fig. 1	au milieu 2 compartiments de 1re à 6 places chacun. aux extrémités 2 compartiments de 2e à 8 places chacun.

2° des voitures de 2e cl. avec compartiment de bagage, fig. 2.

3° des voitures de 3e cl. à 5 compartiments de 10 places chacun.

Les fourgons sont représentés fig. 3; la partie d'arrière où se tient le garde fait saillie latéralement de manière à voir à volonté en avant ou en arrière, ainsi que l'indique la coupe transversale, fig. 9, pl. II. Toutes ces voitures sont recouvertes en panneaux de tôle disposés très-simplement. Le haut est peint en blanc (un peu rosé), le bas en une sorte de couleur rouge-laque d'un bon effet; toutefois pour les voitures de troisième classe le bas est peint en vert-clair, afin de le reconnaître facilement des autres voitures. Dans ces voitures on a mis un verre dormant dans les panneaux compris entre deux portières.

Les trains sont peints de la même couleur que le bas de leur caisse. Des wagons du même genre que ceux ci-dessus décrits, mais ayant trois compartiments de première classe et un seul de deuxième classe, sont spécialisés pour le service de l'express de l'Écosse, et vont jusqu'à Aberdeen : ils sont marqués W. C. J. S. (West, Coast, Joint, Stock), c'est-à-dire : *matériel de communication par la côte ouest*, par opposition à la communication par la côte Est, faite par le matériel du Great-Northern, marqué E. C. J. S.

Ces wagons pour les trains express d'Écosse sont munis du frein Newall système du Lancashire-Yorkshire, que nous examinerons plus loin.

Voitures du London-Chatam-Dover-Ry. — Ce sont également de très-belles voitures, encore plus grandes que les précédentes. L'entraxe extrême des deux essieux va à près de cinq mètres. Les plaques de garde en fer forgé sont intérieures aux ressorts. Le châssis paraît le même pour toutes les voitures. Les caisses, d'environ 7m,50, sont assez larges, et il y a toutes sortes de combinaisons : voici cependant celles qui ont servi de point de départ :

Voitures de	1re cl.,	4 compartiments à	8 places chacun.	
—	2e cl.,	5 — —	10 —	
—	3e cl.,	5 — —	12 —	(fig. 5, pl. II).

La fig. 8 est la coupe en long du compartiment de deuxième classe. On remarquera que, pour les voitures de troisième classe, le nombre de compartiments, et par suite la longueur de chacun d'eux, est comme pour la voiture de deuxième classe; on est donc dans de très-bonnes conditions de ce côté, et on s'est rattrapé en augmentant le nombre de places par banquette.

La grande largeur des wagons a conduit à mettre une tringle au milieu de chaque fenêtre pour empêcher de sortir plus que la tête.

Toutes les caisses et les châssis sont en bois verni; intérieurement et extérieurement, la peinture semble avoir été évitée avec soin.

Les fourgons sont très-grands et montés sur six roues. La guérite s'élève au-dessus du wagon dans toute la largeur de celui-ci, et l'espace réservé au garde est assez considérable. Ils sont, comme les voitures, extérieurement et intérieurement en bois vernis. Le plancher est recouvert de plaques de tôle striée.

VOITURES DE DEUXIÈME CLASSE DU NORTH-EASTERN.— La fig. 7, pl. II, montre la coupe du compartiment de deuxième classe des nouvelles voitures du North-Eastern; on voit qu'elle est analogue à celle du Chatam-Ry, et c'est du reste le type aujourd'hui généralement adopté partout.

VOITURES DU TRAIN DE BANLIEUE DU SOUTH-EASTERN-RY.— Le South-Eastern-Ry essaye pour les trains de Greenwich un matériel spécial, calqué sur celui du North-London. Les voitures ont entre elles un intervalle d'au plus $0^m,20$. Elles sont attachées au moyen de barres de traction, et chaque wagon ne porte de tampons qu'à une seule extrémité. Le train faisant la navette, il y a à chaque bout un wagon à voyageurs à frein muni d'un compartiment de garde. Toutes les stations desservies étant à quais élevés, il n'y a pas de marchepieds.

TYPES DU LANCASHIRE-YORKSHIRE. — Les plus grandes des voitures récentes paraissent être celles du Lancashire et Yorkshire-Ry. La fig. 4, pl. II, représente la voiture de première classe.

L'entraxe extrême des essieux est d'environ $4^m,80$. Toutes les caisses sont installées sur le même châssis.

Les plaques de garde sont extérieures aux ressorts.

Les caisses débordent le longeron d'environ dix centimètres; il y a quatre compartiments à six places pour la première classe, cinq compartiments pour la deuxième classe et six compartiments pour la troisième classe.

L'extérieur est en bois de teak.

Le frein du fourgon est du système ordinaire à barres-guides, le plus souvent disposé suivant une variante du système Newal, comme nous allons le dire.

On trouve aussi quelques voitures à voyageurs à frein dont un des compartiments extrêmes a été disposé pour recevoir des bagages et le conducteur serre-frein.

FREIN NEWAL DU LANCASHIRE-YORKSHIRE.— Ce frein a été modifié par M. Fray, du Lancashire-Yorkshire. Le volant de serrage a près d'un mètre de diamètre, et il suffit de trois tours au plus pour opérer le serrage; afin de limiter le desserrage on a disposé un appareil spécial, imité d'un brevet allemand, voir fig. 12, pl. II. L'arbre vertical des pignons de commande porte une vis faisant monter ou descendre l'écrou A; quand on desserre le frein, la partie inférieure de A vient butter contre la pièce D formant arrêt à ressort sur une crémaillère; quand l'usure des sabots devient assez forte, la partie inférieure de A appuie sur D et fait descendre l'arrêt d'une dent.

L'arbre horizontal disposé sous le wagon est terminé à ses deux extrémités par une articulation en joint universel, et l'allongement est permis par une partie carrée qui entre dans son manchon creux. Ce manchon porte trois filets de vis sans fin, engrenant une crémaillère reliée à l'arbre de frein.

Frein pour plusieurs voitures du North-London-Ry. — Le mouvement des freins de plusieurs voitures est produit par la tension d'une chaîne, et pour avoir une longueur constante, quel que soit l'écartement des voitures, on l'a fait passer sur trois poulies maintenues en triangle par les barres AB et BC, fig. 6, pl. II. La barre BC portant la poulie B appartient à l'une des voitures, la barre AB appartient à l'autre et se termine par un crochet qui vient se reposer sur l'axe de la poulie.

On voit que ce triangle peut se déformer par suite du rapprochement ou de l'éloignement des voitures, sans que la chaîne s'allonge ou se raccourcisse. Néanmoins rien n'empêche l'écartement des voitures par l'effet de la tension ou du raccourcissement de la chaîne quand on serre le frein, et on perd ainsi un travail et surtout un temps notable.

Examinons maintenant le frein lui-même; son principe est indiqué fig. 6, pl. II; chaque roue reçoit du côté des tampons une paire de sabots réunis entre eux par des traverses sur lesquelles sont articulées les tringles *a*, *a*, aboutissant à un galet *b*, sous lequel passe la chaîne; le tout symétriquement disposé de manière que les deux galets se trouvent voisins de l'axe de la voiture. On conçoit qu'en tendant la chaîne les points *bb* se rapprochent en s'élevant et opèrent ainsi le serrage des sabots.

On produit la tension de la chaîne en profitant du mouvement même du train; pour cela le garde-frein amène au contact des roues du wagon où il se trouve les galets MM, sur l'axe desquels est attachée la chaîne.

Pour le desserrage on éloigne les galets MM, alors des contre-poids placés en N et attachés aux tringles *a*, *a*, produisent l'abaissement de celles-ci.

On comprend facilement comment l'effort exercé par la chaîne se répartit également entre tous les wagons, indépendamment du degré d'usure des sabots, qui n'a d'autre inconvénient que de retarder un peu la mise au contact et le serrage. En somme on voit que sans l'inconvénient signalé ci-dessus, de perdre la première partie du travail à écarter les wagons, ce genre de frein serait bon.

En effet, il se compose de pièces robustes, et fonctionne, dit-on, d'une manière satisfaisante; relativement à la formation des trains il ne demande d'autre manœuvre que celle d'assembler ensemble deux bouts de chaînes, en même temps qu'on accroche chaque wagon.

La compagnie du North-London fait uniquement un service de banlieue, à stations très-rapprochées; elle a grand intérêt à arrêter les trains rapidement, et tous les wagons de chaque train sont munis du frein ci-dessus décrit.

On a employé aussi le même appareil, sans mettre les barres en triangles qui assurent l'égale longueur de la chaîne.

D'autres wagons de la même compagnie sont réunis par des barres d'attelage rigides; l'intervalle entre deux voitures ne dépasse pas $0^{m},20$; les tampons de choc sont très-courts et ont très-peu de course. Il n'y a plus à craindre le rapprochement des voitures par suite de la tension de la chaîne, mais cette disposition n'est applicable que pour des cas spéciaux très-limités.

Voitures de poste. — En Angleterre ces voitures appartiennent aux compagnies; elles sont établies par leurs soins. On a évité à l'intérieur, autant que possible, toutes les parties saillantes, et on a rembourré toutes les parois, les bords des casiers, etc., de manière à atténuer les effets des chocs.

Souvent ces wagons-poste sont munis d'un appareil destiné à prendre et à déposer les dépêches pendant la marche du train à grande vitesse. Une note et des croquis relatifs à l'installation de cet appareil se trouvent dans la première livraison des *Annales des mines* de l'année 1863.

LOCOMOTIVES.

La plupart des machines antérieures à 1847, sauf les machines du Great-Western et quelques robustes machines du genre Scharp ou du genre Buddicom, ont disparu du service des grandes lignes. Des machines à quatre roues de Bury et de Stephenson, des machines à six roues de Stephenson à dôme carré, tant à cylindres intérieurs qu'à cylindres extérieurs, et de tant d'autres, on ne trouve plus que quelques rares spécimens, convenablement modifiés et relégués sur de petites lignes de banlieue ou de petits embranchements.

Application au service des trains des divers types de machines. — Les genres de machines dont on se sert aujourd'hui sont :

1° *Pour les trains légers de grande vitesse,* machines à roues motrices indépendantes, de très-grand diamètre, placées au milieu, presque exclusivement à cylindres intérieurs, pendant un temps; maintenant on s'accorde à reconnaître que les machines à cylindres extérieurs font un aussi bon service.

2° *Pour les trains de vitesse lourds ou sur chemins à profils accidentés*, machines à quatre roues couplées de grand diamètre; la roue motrice est au milieu, la roue couplée avec elle est à l'arrière; toutes, sauf pour deux compagnies, avec cylindres intérieurs, et la généralité à bâtis extérieurs.

Il faut remarquer la tendance à l'adoption de ces machines à quatre roues couplées pour remorquer des trains express marchant au moins à 64 kilomètres à l'heure; le Chatam-Ry les emploie exclusivement ainsi que le Manchester-Sheffield et Lincolnshire. Le Great-Western en a le premier fait l'emploi partiel vers 1855, le South-Western en 1856, puis ensuite le Lancashire-Yorkshire et le North-Eastern.

3° *Pour les trains directs ou omnibus*, machines mixtes du modèle précédent, mais à roues plus petites.

4° *Pour les trains mixtes et à marchandises sur certaines lignes, surtout quand il y a des courbes de petits rayons*, machines à quatre roues couplées; le plus souvent le bâtis est intérieur, les cylindres sont intérieurs ou extérieurs, et les dernières machines, dans ce modèle, ont des roues motrices très-grandes, quoique réservées aux marchandises.

5° *Pour les lourds trains de marchandises sur les grandes lignes*, on emploie des machines à six roues couplées, et jamais plus, exclusivement à cylindres intérieurs, et le plus souvent à bâtis extérieurs.

6° *Pour les manœuvres de gare ou le service de banlieue*, on emploie des machines tenders ayant depuis quatre jusqu'à huit roues; dans ce dernier cas il y a un avant-train américain articulé, généralement il y a deux paires de roues motrices; on trouve presqu'autant de cylindres intérieurs que de cylindres extérieurs.

7° *Pour le service des plans fortement inclinés desservis par locomotives*, ce sont en général des machines du type plus puissant, employé sur la ligne; quelquefois on y a ajouté les approvisionnements d'eau et de combustible.

Essais de diverses formes de machines. — Comme les trains de marchandises marchent à de grandes vitesses (quelquefois 48 kilomètres à l'heure), les essais qu'on a faits autrefois de machines avec foyer en porte-à-faux n'ont pas été satisfaisants, et on a préféré rejeter le troisième essieu derrière le foyer, quitte à l'avoir moins chargé; c'est ce qui a conduit, sur des lignes à courbes de petit rayon, à préférer les machines à quatre roues couplées, parce que le surcroît d'adhérence du troisième essieu ne balançait pas l'augmentation de résistance qu'il présentait au passage des courbes.

On ne trouve pas de machines à plus de six roues couplées; on a bien fait des études de machines à huit roues couplées, mais on y a renoncé[1];

1. Des machines-tender à 8 roues couplées et cylindres extérieurs, du genre des machines du Nord, ont été mises en service en 1866 sur le Vale of Neath-Ry (voie large), et le Great-Northern.

et même pour les machines destinées à la rampe de grande inclinaison du Bore-Ghaut, dans l'Inde, on a adopté des machines-tenders ayant dix roues dont six motrices et les quatre autres disposées en avant train mobile. Nous reviendrons plus loin sur cette machine, dont le principe paraît contestable.

Le bénéfice à retirer de l'utilisation du poids du tender comme adhérence a été au contraire bien compris par d'autres ingénieurs. Ainsi, tandis que la compagnie du Nord français exposait à Londres sa machine à marchandises à quatre cylindres, M. Sturrock, ingénieur en chef du matériel du Great-Northern, ressuscitait heureusement la disposition mise en pratique par M. Verpilleux pour l'exploitation de la rampe de Rive-de-Gier, de 1846 à 1854, c'est-à-dire l'application d'un mécanisme moteur au tender, et portait ainsi de trois cents à quatre cent cinquante tonnes brutes la charge remorquée. Nous donnons plus loin des détails sur cette modification.

TYPES DE MACHINES LOCOMOTIVES.

Quelques-uns des types principaux sont donnés dans la planche IV, et les dimensions importantes sont consignées dans un tableau qu'on trouvera plus loin.

Disposition générale des machines. — Quant à la grande question de la position des cylindres à l'extérieur ou à l'intérieur, à en juger par les types adoptés, elle semble être toujours restée au même état, puisque dans chaque compagnie les ingénieurs qui avaient adopté une de ces deux dispositions, ou les successeurs, l'ont toujours scrupuleusement maintenue. Cependant depuis qu'on emploie partout les contre-poids, et qu'on attache bien les cylindres extérieurs, on a construit sur ces types des machines qui ont fait un tout aussi bon service que les autres, et l'opinion générale paraît être revenue sur les cylindres extérieurs; on considère donc la position des cylindres comme indifférente, au moins pour les machines à roues indépendantes; pour les machines mixtes destinées aux trains de vitesse, la préférence est acquise aux cylindres intérieurs, et pour les machines à marchandises à six roues couplées, on peut dire que leur emploi est exclusif.

La question entre les bâtis extérieurs et les bâtis intérieurs a été longtemps plus tranchée en faveur des bâtis extérieurs. On tolérait encore le bâtis mixte, mais l'emploi du bâtis intérieur était très-restreint, malgré l'exemple des machines de la section sud de la grande compagnie London et North-Western, où M. Mac-Connel, continuateur de Bury, avait dès l'origine adopté exclusivement cette disposition. Cet exemple a été suivi par M. Ramsbottom, ingénieur de la section nord de la même compagnie, pour les nouveaux types qu'il a eu à construire; la considération dont jouit cet ingénieur en Angleterre, et le bon service des machines à bâtis intérieurs du London-North-Western, ligne dont le trafic est reconnu comme le plus considérable, ont ramené les idées à cet égard.

TYPES PRINCIPAUX. — 1° *Types Sharp.* Ces types véritablement anglais, et que l'on peut désigner sous le nom de types de Sharp, sont représentés fig. 1, 9 et 17, pl. IV.

Fig. 1. *Machines à voyageurs*, à grandes roues motrices au milieu, à cylindres intérieurs, et tiroirs verticaux entre les cylindres, châssis à longerons extérieurs pour toutes les roues, et longerons intérieurs avec plaques de garde pour l'essieu coudé, tubes moyennement longs, foyer de plus en plus grand, quelquefois avec bouilleur, généralement dôme de prise de vapeur au milieu, soupapes de sûreté soit sur ce dôme, soit sur la boîte à feu, soit aux deux à la fois; dans quelques cas prise de vapeur avec tuyau fendu.

L'essieu moteur coudé de ces machines est toujours tenu par quatre boîtes à graisse, deux pour chaque roue, et placées, l'une à l'extérieur, l'autre à l'intérieur et tout contre les roues, de sorte que chacune d'elles est à peu près tenue droite, comme une roue de brouette, et la portion intérieure où se trouvent les manivelles est presque entièrement exempte de l'effort de rupture dû au poids qui charge l'essieu. Cette disposition, qui ne se trouve dans aucune machine française, doit avoir une influence avantageuse sur la durée des essieux coudés.

Dans quelques machines à marchandises on a encore amélioré cette disposition en chargeant les deux boîtes d'une roue par un seul et même ressort placé au-dessus de la roue (voir fig. 39, pl. III).

Fig. 9. *Machine mixte.* Machine précédente mixtifiée en donnant à la roue d'arrière le même diamètre qu'à la roue motrice, et les couplant au moyen de bielles agissant sur des manivelles calées en porte-à-faux des essieux.

Fig. 17. *Machine à marchandises.* Extension à l'accouplement sur trois essieux des dispositions précédentes. Machine assez connue aussi sous le nom de type Sturrock.

On remarquera que l'agencement de ces machines permet d'avoir un grand nombre de pièces similaires dans les trois types.

Dans ces machines le rapprochement des cylindres près de l'essieu antérieur a permis d'obtenir d'assez bonnes répartitions de charges, mais ces conditions ont été encore bien améliorées par l'adoption du foyer à charbon avec grille inclinée système *Cudworth*, prolongé au delà de l'essieu d'arrière, comme le montrent les fig. 2, 10 et 18, pl. IV.

La machine mixte fig. 10, qui remorque sur le London-Chatam-Dover des trains express assez lourds, à des vitesses de soixante-dix kilomètres à l'heure, paraît surtout remarquable; elle remplit les conditions qu'on a voulu résoudre dans les types mixtes de vitesse d'Orléans et de l'Ouest, c'est-à-dire petit écartement des essieux extrêmes, et courtes bielles d'accouplement, sans avoir le foyer en porte-à-faux; mais par contre la surface de chauffe des tubes est moins grande que dans les machines françaises précitées.

2° *Divers autres types.* On trouve des exemples nombreux de machines avec châssis doubles ou mixtes; cette disposition, combinée avec les cylindres extérieurs (types Buddicom en France), a été imaginée par MM. Locke et Allan vers 1842, pour le Great-Junction (Birmingham à Liverpool et Manchester), et s'est répandue de là sur le Lancaster et Carlisle, le Caledonian, le London and South-Western; les chemins composant actuellement le Great-Eastern, etc.; les machines fig. 6 et 8, pl. IV, en sont un exemple.

La combinaison de ce même châssis mixte avec des cylindres intérieurs a été patentée en 1849, par Wilson de Leeds, et est connue sous le nom de type *Jenny Lind* (nom de la première machine ainsi faite); après avoir été seulement quelques années à la mode, il n'est plus patronné que par Beyer et Peacock de Manchester, dont une des machines est représentée fig. 5, pl. IV. Il ne se trouve pas du tout en France.

Le bâtis intérieur ne se trouvait guère autrefois qu'au Lançashire and Yorkshire-Ry, à la section sud du London and North-Western, et à des machines de diverses petites lignes, faites notamment et la plupart par Sharp, sur le type dit *du Rhône* en France. Vers 1856, M. Ramsbottom prit la superintendance du département des locomotives pour la section nord du London et North-Western, et il eut à faire des types plus puissants que les machines à voyageurs et mixtes du type d'Allan, qui étaient insuffisantes pour le service de la malle d'Irlande, de la malle d'Écosse et des lourds trains de marchandises. Il dessina alors une machine à voyageurs puissante, fig. 3, pl. IV, en prenant l'ancienne machine du genre Buddicom comme point de départ; les cylindres extérieurs inclinés sont conservés; mais, pour simplifier, le bâtis extérieur a été supprimé, et on retombe ainsi sur un des premiers types de Stéphenson. Comme machines à marchandises, on a adopté un type analogue à celui de la section sud; il est représenté, fig. 19, pl. IV; là encore on retrouve le bâtis simple. Enfin tout récemment on vient de compléter l'ensemble par l'adoption de la machine mixte représentée fig. 11, pl. IV, également à bâtis simples et avec cylindres intérieurs. Ces machines ont une grande réputation de simplicité et solidité, et comme M. Ramsbottom est maintenant superintendant des locomotives des deux sections du London et North-Western, ces types vont se répandre dans le service de cette compagnie.

Au London et South-Western, M. Beattie, successeur de J. Gooch, a également adopté le châssis intérieur; mais, tout en conservant aux essieux d'avant des fusées et plaques de garde intérieures, il leur met aussi une fusée extérieure chargée par un ressort sur lequel s'appuient les glissières, fig. 12, pl. IV.

Le type Crampton, dont on a tiré si bon parti en France, est systématiquement exclu de l'Angleterre; on trouve sur le South-Eastern un deuxième type de Crampton fig. 16, pl. IV, surnommé à axe libre; ce modèle est comme le premier avec essieu moteur à l'arrière du foyer; mais, pour le rendre tant soit peu anglais, on a mis les cylindres intérieurement aux roues, ce qui a exigé un essieu coudé situé à l'avant de la boîte à feu, ne portant pas de roues (axe libre) et renvoyant le mouvement à la roue d'arrière par l'intermédiaire de sortes de bielles d'accouplement.

Cette disposition, qui semble un peu compliquée d'agencement, réalise cependant les avantages suivants : 1° toute conservation de la stabilité inhérente à la position des cylindres à l'intérieur; 2° l'axe libre étant fixé aux longerons, la distribution est indépendante du mouvement des ressorts; 3° l'essieu coudé ne portant pas de roues et n'étant pas chargé est dans les meilleures conditions de résistance; 4° l'action de la vapeur au bouton de manivelle, ou du moins la résultante verticale de cette action due à l'obliquité de la bielle, qui dans toutes les machines s'exerce directement et seulement sur le bandage de la roue motrice, agit ici d'abord sur l'axe libre; elle affecte toute la masse de la machine, se répartit sur tous les bandages, et encore son effet a-t-il d'abord été amorti par les ressorts.

Malgré cela ce type n'a pas pris d'extension, et bien que, dans la comparaison faite avec des machines de Sharp construites spécialement suivant son type classique, à la même époque que les machines de Crampton et sur les mêmes dimensions respectives de chaudières, roues et cylindres, le résultat ait été tout à l'avantage de la machine de Crampton, la compagnie du South-Eastern est revenue au type de Sharp, très-peu modifié pour les machines de vitesse qu'elle a faites en 1856 et en 1862.

Plusieurs machines de ce même type à axe libre ont été mises en service en 1861, par M. Crampton, sur le London-Chatam and Dover-Railway; mais, combinées avec un avant-train américain articulé, des points de suspension très-bas et un centre de gravité très-élevé, elles ont été trouvées tout à fait instables, et on les a transformées en machines mixtes en ajoutant une roue motrice à la place de l'axe libre.

On a fait aussi quelques machines mixtes à axe libre; des machines-tenders à quatre roues de ce type desservent journellement la rampe de Folkeston (chemin du South-Eastern).

La compagnie du Chatam-Ry avait aussi essayé de mettre en service un autre type dû à M. Crampton : une machine mixte à cylindres extérieurs, huit roues dont quatre couplées à l'arrière, et quatre autres en avant-train mobile, comme dans la fig. 28, pl. IV. Les cylindres étaient entre l'avant-train et la paire de roues milieu, le bâtis était intérieur, et la distribution extérieure avec contre-manivelle Crampton; cet agencement, unique dans toute l'Angleterre, n'était commandé ni par l'augmentation du poids de la chaudière, ni par les sinuosités du chemin. Aussi le service de ces machines ayant été moins bon que celui des machines du type ordinaire de Sharp, on s'est décidé à les ramener toutes à ce type, dans les ateliers de la compagnie; sauf toutefois quelques-unes construites antérieurement comme machines-tenders avec un bât au-dessus de la chaudière et des soutes à combustible latérales, et qui se trouvent alors dans des conditions rationnelles. Ce sont ces machines auxquelles se rapporte la fig. 28, pl. IV.

Des machines-tenders sont employées pour les services de la banlieue de Londres; celles toutes récentes (fig. 26, pl. IV,) du Chatam-Ry, pour le Metropolitan-extension, rappellent la disposition générale de la fig. 10, pl. IV; les roues sont plus petites, les ressorts d'arrière sont au-dessous des boîtes à graisse, les caisses à eau sont latérales, et la soute à charbon en travers sur l'arrière.

Le North-London a principalement des machines à quatre roues couplées et à avant-train mobile. Le châssis et les cylindres sont intérieurs; l'eau est contenue dans des caisses latérales situées vers l'arrière, et le charbon dans une soute en travers sur l'arrière. Les dimensions de machines sur ce type sont données au tableau sous les n°s 21 et 33. Les plus récentes représentées fig. 27, pl. IV, calquées sur les premières, ont eu leurs caisses à approvisionnements augmentées ainsi que leur chaudière.

Pour les manœuvres des gares, beaucoup de compagnies n'ont pas de machines spéciales; d'autres se sont contentées de transformer en machines-tenders des machines du type ordinaire; ce n'est que dans ces dernières années que l'on a construit des machines spéciales. Elles sont en général de dimensions très-réduites, n'ayant le plus souvent que deux paires de roues couplées, même quand elles sont à six roues. Le modèle de M. Ramsbottom pour le L. et N. W., exécuté à Crewe en 1864, est seulement à quatre roues toutes couplées, avec mécanisme intérieur; il présente cette particularité que le foyer est renfermé dans le corps cylindrique, comme dans les chaudières dites de Cornouailles. Cette forme a été adoptée pour faciliter une égale répartition sur les roues.

Sharp a construit, sur les plans donnés par la compagnie, des machines destinées à desservir les rampes du Bore-Ghaut, présentant sur 25 kilomètres une inclinaison moyenne de 22 millimètres, atteignant un maximum de 27 millimètres sur 5 kilomètres. Ces machines sont représentées fig. 17, pl. II; l'eau est contenue dans un bât, et le combustible dans les rampes. — Le frein est à quatre pâtins agissant sur les rails, dans le système Laignel.— L'avant-train présente une ingénieuse combinaison pour faciliter le passage dans les courbes, fig. 24, pl. III; outre le mouvement de convergence du truck autour de son pivot, on a ménagé un mouvement de déplacement transversal de la machine sur le truck; et pour éviter le mouvement dû lacet en ligne droite, la glissière sur laquelle se fait le déplacement a été disposée avec surfaces de contact en plans inclinés.

L'exécution de cette machine est très-soignée, mais elle paraît doublement pécher par le principe: 1° une machine de rampe doit être à adhérence totale; 2° en acceptant quatre roues non adhérentes, il valait mieux reporter les approvisionnements sur un tender séparé et employer une machine à six roues couplées à adhérence invariable, tandis que dans la machine présentée la charge sur les roues motrices diminue quand les approvisionnements s'épuisent.

L'application d'un mécanisme moteur supplémentaire au tender ordinaire semble plus heureuse; prenant une machine ordinaire pareille à celle de la fig. 17, pl. IV, M. Sturrock l'a modifiée comme le représente la fig. 18, pl. II; le foyer muni d'une grille inclinée a été allongé pardessus l'essieu d'arrière, et pourvu d'un bouilleur longitudinal. Un deuxième petit régulateur a été placé dans le dôme; le premier essieu du tender a été avancé afin de laisser place à deux cylindres intérieurs horizontaux. La vapeur est amenée par un tuyau qui vient depuis le dôme de la machine jusqu'au tender sans être soutenu en aucun point, et sa flexibilité est suffisante pour se prêter aux déplacements relatifs des deux véhicules. La vapeur qui a agi s'échappe à travers une sorte de condenseur de surface placé dans le tender, dont elle échauffe beaucoup l'eau. C'est pourquoi on a laissé les pompes ordinaires à la machine.

Cette application de cylindres au tender est certainement avantageuse pour utiliser des machines existantes, dont la chaudière est puissante relativement à l'adhérence. Voir la note page 83.

Parmi les machines construites dans les dernières années, présentant des particularités remarquables, on peut citer les deux types construits pour l'exploitation du chemin souterrain de Londres (Metropolitan), et nous renvoyons pour les détails qui les concernent au paragraphe consacré aux renseignements sur ce chemin, page 75.

M. Stéphenson a employé pour l'essieu d'avant de certaines machines à courbes, et notamment pour des machines à huit roues destinées au Grand-Luxembourg en Belgique, une variante de la disposition connue en Amérique sous le nom de Bissel's-Truck, fig. 22 et 23, pl. III. L'essieu d'avant est muni d'une sorte de châssis triangulaire, pivotant autour d'une cheville placée près de l'essieu moteur. La fig. 13, pl. III, représente une machine-tender de ce système tout récemment adoptée par M. Sinclair pour le service de la banlieue; le combustible est à l'arrière, l'eau est à l'arrière et entre les deux essieux moteurs.

Locomotives a trois cylindres. — Les machines de ce système fournies par Stephenson pour la ligne de Newcastle et Berwick ont été transformées en machines ordinaires à deux cylindres.

DIMENSIONS ACTUELLEMENT ADOPTÉES.

En rapprochant les éléments consignés dans le tableau spécial, qu'on trouvera à la fin du texte, et les renseignements recueillis auprès des divers chemins, on peut établir les limites entre lesquelles on se tient le plus généralement aujourd'hui en Angleterre.

Il est à remarquer d'abord que les machines faites depuis 1850 ne diffèrent pas beaucoup entre elles; on s'est tenu notablement au-dessous de la grande machine Crampton exceptionnelle, exposée en 1851, et si la puissance des machines récentes a augmenté, c'est parce qu'on a élevé le poids total, l'adhérence et la pression de la vapeur.

Dans le but de brûler du charbon on a augmenté la surface de la grille, et celle du foyer, aux dépens de la surface des tubes; par suite la surface totale de chauffe a subi une petite diminution, qui n'est que relative et qui est plus que compensée par l'élévation de la pression de la vapeur, et l'augmentation des éléments de chauffe du foyer.

Pression de la vapeur. — Atteignant déjà 120 livres (9^{atm} 1/4) en 1851, elle est maintenant souvent de 130 (10^{atm}), et jusqu'à 150 (11^{atm} 1/4) [Midland, Great-Northern]; cette dernière pression tend à se répandre, les balances peuvent alors monter jusqu'à 180^{l} (13^{atm} 1/4).

Manomètre.— L'usage des manomètres est général; toutefois le Great-Western vient seulement d'en généraliser l'emploi.

.Tole des chaudières. — L'épaisseur n'est pas beaucoup augmentée même avec les plus grandes pressions; elle est en général de 1/2 pouce (0,0127) pour des diamètres de 4^{f} (1.22); seulement on attache une grande importance au choix de tôles de bonnes qualités et à un bon travail de chaudronnerie.

Pour compenser l'affaiblissement dû aux rivets, on emploie quelquefois des tôles « *Alton* and *fernie's* patent, » renflées au pourtour comme l'indique la fig, 10, pl. III, et laminées à Low-Moor.

Les tôles en acier fondu, surtout pour les bouilleurs ou parties allant au feu, sont quelquefois employées avec succès, au dire de ceux qui les ont adoptées (notamment M. Béattie du L. and S.-W).

Surface de la grille. — Pas au-dessous de $1^{mq}20$ dans les machines ordinaires; souvent atteignant $2^{mq}20$ et $2^{mq}40$ dans les machines à foyer Mac-Connel et Cudworth.

SURFACE DE CHAUFFE. — La surface totale est très-faible pour les petites machines de gares ou d'embranchements, mais elle est comprise entre 90 et 110^{mq} pour les autres. La surface du foyer y entre quelquefois pour 20^{mq} (machine Mac-Connel, exposition de 1862), généralement pour 8 à 14^{mq}. Les constructeurs et ingénieurs anglais prennent toujours la surface extérieure des tubes.

DIMENSION DES TUBES. — Le plus souvent de 0^{m}.051 de diamètre extérieur, et de 0,0025 d'épaisseur, et en rangées horizontales. On commence un peu à revenir de la tendance de les serrer trop; l'intervalle entre deux tubes était quelquefois réduit à 10 $^{m}/_{m}$ (3,8 de pouce) seulement. Les longueurs les plus répandues sont 3^{m},65 (12^{f}), mais rarement au delà. Toutefois on continue à mettre un grand nombre de tubes, au détriment de la hauteur du réservoir de vapeur, en comptant sur le dôme, et sur l'élévation du timbre.

DIAMÈTRE DES ROUES MOTRICES. — Généralement de 1^{m},980 à 2^{m},134 pour les machines express, à roues libres, on l'a porté à 2^{m},50 sur le Caledonian-Ry, entre 2^{m},30 et 2^{m},40 sur le London-and-North-Western. Sur la voie large du Great-Western les machines qui remorquent entre Londres et Swindon les express à 96^{k} (60^{mil}) à l'heure, ont des roues de 2^{m},44 (8^{f}); ces machines ont été construites de 1849 à 1855; celles plus récentes faites pour les sections à petite largeur de voie ont des roues de 2^{m},13.

Parmi les machines mixtes, on en fait depuis longtemps avec roues de 1^{m},83, et dans les dernières faites pour le service des trains express, le diamètre des roues va généralement à 1^{m},98 et quelquefois à 2^{m},134 (Great-Western 1855, L. S.-Western 1858).

Pour les roues de machines à marchandises à six roues couplées, le diamètre autrefois de 5^{f} (1^{m},52) au maximum, est souvent dépassé, M. Mac-Connel a même donné 1^{m},68 (5^{f} 1/2) aux machines qu'il a fait construire depuis 1857 pour le L. and N.-W.

On commence cependant à reconnaître que l'on a attribué à l'augmentation de diamètre des roues des avantages dus bien plutôt à une augmentation de puissance de la chaudière.

DIMENSIONS DU CYLINDRE. — Pour voyageurs comme pour marchandises, très-souvent 0^{m},406 de diamètre, avec 0^{m},559 de course; ces dimensions sont dépassées dans les grosses machines du Great-Western et dans les machines à très-grandes pressions; le diamètre va alors à 0^{m},43 et 0^{m},46, la course ne dépassant que rarement 0^{m},609.

ENTRAXE EXTRÊME. — Dans toutes machines à six roues on paraît se tenir aux environs de 4^{m},70. Cet écartement est grand pour les machines à six roues couplées, aussi n'emploie-t-on ces machines que sur les lignes à courbes d'assez grand rayon. Sur les autres, notamment en Écosse, on préfère, comme nous l'avons déjà dit, les machines à deux paires de roues couplées pour les trains de marchandises; la grande vitesse de marche de ces trains fait qu'on répugne à mettre le foyer en porte-à-faux.

On trouve sur la voie large comme sur la voie étroite des machines à voyageurs à six ou huit roues, avec empâtements de 5 mètres à $5^{m},70$ (Great-Western, Great-Northern, London and North-Western, South-Eastern); mais ces machines ne circulent que sur des sections où les courbes parcourues en vitesse ont des rayons d'au moins 1600 mètres (1 mille anglais).

Poids total et adhérent. — Le poids total atteint trente-cinq tonnes dans les plus lourdes machines à six roues pour voyageurs et marchandises; il est réparti, autant que possible, uniformément pour les machines à marchandises; mais pour les machines à roues indépendantes, on met sur l'essieu moteur jusqu'à quinze tonnes (M. Connor du Caledonian-Ry); treize à quatorze tonnes (M. Sturrock au Great-Northern, M. Mac-Connel au L. et N.-W.), et jamais moins de douze tonnes. C'est pour éviter des charges aussi considérables que beaucoup d'ingénieurs préfèrent, même pour les trains express, l'emploi des machines à deux paires de roues couplées et grand diamètre, avec environ dix-huit à vingt tonnes de poids adhérent. Cette tendance se remarque de plus en plus.

Sous le rapport de la distribution du poids sur les roues, le foyer Cudworth à grille inclinée passant par-dessus l'essieu d'arrière a apporté certaines facilités dont beaucoup d'ingénieurs ont profité.

Dimensions des conduites de vapeur et d'échappement. — Les tuyaux de prise de vapeur sont de diamètre très-petit, de 5 à 8 c/m dans les machines à très-hautes pressions; en revanche les lumières des tiroirs présentent une grande section (jusqu'à $0^{m},015$); la longueur surtout est très-grande, en vue d'augmenter autant que possible l'admission de vapeur pour les détentes prolongées. La grande largeur à la sortie paraît inutile, surtout avec l'emploi de l'échappement fixe qui est général, et dont les diamètres des orifices compris entre 10 et 13 c/m (4″ et 5″) pour les plus fortes machines doivent créer une assez grande résistance à la sortie de la vapeur.

DISPOSITIONS DE DÉTAILS[1].

Diverses dispositions des foyers.— La disposition des foyers pour la combustion du charbon a donné lieu à beaucoup d'essais; enfin on est

1. On n'a signalé que les détails différents de ceux adoptés dans les locomotives françaises.

arrivé à réduire le nombre des arrangements à quatre ou cinq principaux dont nous allons parler, et ce sont les plus simples qui donnent les meilleurs résultats.

On a commencé par simplifier beaucoup la question en ne brûlant que des charbons de choix, aussi peu fumeux que possible et en gros morceaux. Du reste le public et l'administration sont très-tolérants, et il y a aussi beaucoup de pays où la fumée des locomotives disparaît en présence de la fumée locale.

Un premier procédé, le plus en faveur et d'un emploi général, d'autant plus qu'il s'applique aux anciens foyers, consiste à y placer une *arche en briques* réfractaires, fig. 4, pl. III et IV, pour créer un remous et mélanger les gaz avec de l'air admis par la porte de chargement : cet air est conduit jusqu'au milieu au moyen d'un *déflecteur a* (deflecting plate), sorte de pelle en tôle *a*, qu'on peut mettre ou retirer à volonté pour visiter les tubes ; la porte ordinaire est le plus souvent remplacée par une porte à coulisse, fig. 7, pl. III, et dont l'usage paraît avoir été introduit par le Midland-Ry.

M. Ramsbottom a adopté pour toutes ses machines, neuves ou anciennes, une disposition assez analogue à la précédente, fig. 5, pl. III. L'entrée de l'air se fait par deux ouvertures rectangulaires ménagées dans la paroi antérieure de la boîte à feu ; l'arche en briques est alors inclinée un peu autrement.

D'autres fois, comme au Lancashire-Yorkshire, on admet l'air frais par des entretoises creuses placées dans les parois antérieures et postérieures ; sur ce même chemin l'arche en briques est remplacée par un auvent en fonte, à bord un peu rabattu et garni de petits trous pour l'empêcher de fondre, ce qui, malgré cela, arrive souvent. Quelquefois aussi, comme au West-Midland, on prolonge certains tubes de manière à les faire sortir à l'avant de la boîte à fumée, et on amène par eux de l'air dans le foyer.

Au Great-Eastern, M. Sinclair, après avoir essayé le foyer Frodsham dans lequel des jets de vapeur servent à mélanger les gaz, est arrivé à employer seulement une grille assez longue, légèrement inclinée, jointe à l'admission de l'air par une porte spéciale représentée fig. 6, pl. III. Cette porte ne peut fermer complétement, et le mécanicien est ainsi forcé d'ouvrir le souffleur en stationnement.

Un deuxième système en vogue, mais réservé plus spécialement aux machines neuves, est le foyer Cudworth, fig. 2, pl. III, dans lequel la combustion du charbon se fait sur une grille assez inclinée et de large surface. Un bouilleur longitudinal (du système dit Crampton) divise le foyer en deux sur une partie de la longueur, et permet de charger alternativement chaque côté.

Les chambres de combustion ne sont plus en usage que sur le London et South-Western, et la fig. 1, pl. III, représente le dernier arrangement adopté par M. Béattie, notamment dans son type de machines mixtes de vitesse, à roues couplées de $2^m,13$ et cylindres extérieurs. Il y a deux portes de chargement G et H, et deux compartiments qu'on charge alternativement; les gaz se brûlent au contact des briques B et C. A, L, F et G sont des bouilleurs ou lames d'eau, garnis d'entretoises creuses. Les tubes sont réduits à une faible longueur, et le tout, quoique très-compliqué, fonctionne avec succès.

Quelquefois, pour allonger la grille autant que possible, on relève le bas du foyer vers l'avant, fig. 3, pl. III, comme l'a fait M. Mac-Connel dans sa machine de l'exposition de 1862. Dans cette même machine on avait employé une vaste chambre de combustion qui n'avait pas été bossée pour laisser passer l'essieu coudé et abaisser le centre de gravité, comme dans la machine du même ingénieur envoyée à l'exposition de Paris en 1855; du reste les quelques chaudières du London et N.-W, pourvues de semblables bossages, ont été bientôt remplacées par des chaudières ordinaires.

On trouve au Manchester-Scheffield-Lincolnshire-Ry quelques machines de 1855 du type ordinaire anglais à marchandises, où, pour ramener le poids sur l'essieu d'arrière, on a posé le foyer à cheval sur cet essieu, au moyen d'un évidement formant bouilleur transversal, fig. 8, pl. III.

Souffleurs. — Cet annexe se trouve sur toutes les machines, il est du reste d'une grande utilité pour la combustion du charbon. La fig. 15, pl. III, montre l'arrangement généralement adopté; mais il a été motivé en partie par le désir de dissimuler dans le tube formant main courante la tige de commande du robinet à vis, et de conserver autant que possible l'extérieur usuel de la machine. Dans les machines de M. Ramsbottom, le robinet est placé à l'arrière, et le tuyau se rend jusqu'à la cheminée en se dissimulant aussi dans la main courante.

La forme de couronne autour de la tuyère est très-souvent employée.

Formes de chaudières. — La forme dite Crampton en France n'est que bien rarement employée dans tout son ensemble. Cette forme est cependant trouvée avantageuse pour la boîte à feu extérieure, surtout depuis que M. Ramsbottom l'a employée sur une grande échelle. Le foyer renflé est encore le plus répandu, et dans beaucoup de cas la génératrice supérieure est notablement plus élevée que celle du corps cylindrique.

Comme construction on cherche à éviter l'affaiblissement dû aux rivures, et outre le renflement des bords déjà signalé ci-dessus on a recourbé à angle droit, de manière à éviter les cornières, les bords des tôles de la chaudière se raccordant avec le foyer ou la boîte à fumée, fig. 10, pl. III. Les machines du Midland-Ry, exemple fig. 17, pl. IV, sont ainsi construites.

Les dômes sont d'un emploi général pour la prise de vapeur, quoiqu'ils soient de faible capacité. Ils sont placés le plus souvent sur le milieu du corps cylindrique. On les fait généralement en soudant et retreignant une ou plusieurs plaques de tôle : quelquefois il y a un soubassement en bronze ou en fonte. D'autrefois le dessus du dôme est formé par le siége des soupapes, fait en bronze, et boulonné sur une cornière circulaire rivée au dôme.

Les armatures des chaudières se font comme dans les machines françaises. Toutefois les tringles allant d'un bout à l'autre de la chaudière, ou se rattachant obliquement aux anneaux du corps cylindrique, sont encore très-répandues. D'autres fois on se sert comme armature du tuyau de prise de vapeur lui-même, fig. 2, pl. III, où l'on voit aussi que la vapeur arrive du dôme par une série de petits tubes pour ne pas affaiblir le gros tuyau.

La prise de vapeur au moyen du tuyau fendu (connu sous le nom de tube d'Hawthorn) est employée systématiquement sur le Great-Western; on la retrouve aussi sur certaines machines de quelques compagnies; nous citerons notamment le Great-Northern, où le tuyau forme également armature et prend la vapeur au-dessus du foyer dans le dôme des soupapes par une série de petits tubes disposés comme il a été dit ci-dessus.

Dans d'anciennes machines d'Allan, faites à Crewe, on trouve deux prises de vapeur, l'une au-dessus du foyer, l'autre au milieu du corps cylindrique, faites chacune dans une sorte de trou d'homme très-bas, servant de base à une soupape, fig. 9, pl. III.

Trous de lavage. — M. R. Sinclair du Great-Eastern place depuis longtemps au-dessous du corps cylindrique deux trous d'homme servant pour le nettoyage, comme on le fait maintenant aux chemins d'Orléans et du Nord en France.

Entretoises. — Elles se font généralement en cuivre; M. Cudworth du South-Eastern emploie cependant le fer.

Une disposition qui paraît à recommander est celle de M. Béattie du London-and-South-Western; l'entretoise se compose d'un tube creux en fer d'environ 3 centimètres de diamètre extérieur et de 5 millimètres d'épaisseur, fileté dans toute sa longueur, fig. 14, pl. III; on rive les bords à froid, puis on chasse à force dans l'extrémité extérieure une rondelle de fer qui le ferme. Cette disposition, qui donne toute facilité pour s'assurer de l'état des entretoises, est en usage depuis quatre ou cinq ans et donne de bons résultats. L'usage du fer ou de l'acier rend longue et coûteuse l'opération du démontage du foyer.

Soupapes de sureté. — La section d'écoulement est toujours moindre qu'en France, bien que beaucoup de machines aient trois ou quatre soupapes; parmi celles-ci, il y en a souvent de fixes. Le Great-Western a toujours une soupape fixe et une seule autre variable. M. Ramsbottom a adopté depuis longtemps sur le Lond. N.-W. un arrangement représenté figure 25, planche III, où deux soupapes sont chargées par le même ressort agissant sur un levier commun.

Régulateurs. — Les diverses formes de régulateurs à tiroir et à col de cygne dans les dômes, usités en France, se trouvent en Angleterre. On ne trouve pas du tout le régulateur dit Crampton, avec boîte et tuyaux extérieurs à la chaudière.

La prise de vapeur avec tuyau fendu a amené l'usage d'un régulateur à tiroir de la forme indiquée figure 18, planche III, et placé dans la boîte à fumée; il est souvent employé même quand il y a un dôme. La manœuvre se fait au moyen d'un levier extérieur, soit articulé à un point fixe, soit glissant dans un guide en hélice (fig. 6 et 7, pl. III).

M. Ramsbottom a adopté une forme venant du Lancashire-Yorkshire, consistant en une soupape double équilibrée (fig. 21, pl. III); la manœuvre en est douce, mais il faut un ajustage soigné. MM. Locke et Allan, et après eux le Caledonian et le Great-Eastern, ont employé une disposition de Bury dans laquelle un guide en hélice écarte une sorte de soupape de son siége (fig. 19 et 20, pl. III); même objection que ci-dessus.

M. Sinclair, du Great-Eastern, adopte aujourd'hui une variante de ce régulateur de Bury, indiquée par les figures 32 et 33.

Bielles. — Les corps de bielles ronds sont encore très-employés. L'ancien système des grosses têtes de bielles à chapes, maintenues par boulons et queues d'arondes, est toujours préféré pour cylindres intérieurs comme pour cylindres extérieurs. Pour ces derniers on trouve aussi quelquefois de grosses têtes d'une seule pièce. Les petites têtes sont presque toutes à chapes mobiles.

Le Brighton-Ry et quelques autres emploient maintenant des têtes rondes pour bielles d'accouplement garnies simplement d'une bague en bronze; lorsqu'il y a du jeu, on la remplace ou bien on y coule du métal blanc.

Glissières et crosses de pistons. — Pour machines à cylindres intérieurs, presque toujours glissières doubles avec crosses de l'ancien système Sharp; comme exemple de glissières simples, nous citerons les machines à marchandises et les machines mixtes de M. Ramsbottom. Dans les machines à cylindres extérieurs, le type le plus suivi est celui adopté en 1843 par MM. Locke et Allan pour le Grand-Junction, où la tige du piston est tenue au moyen d'une vis (fig. 34, pl. III); elle exige, d'autre part, une petite tête de bielle à fourche avec chapes rapportées. Elle a été imitée par MM. J.-V. Gooch, Ramsbottom, Sinclair, Connor, etc.

Essieux et fusées. — Les fusées cônes pour essieux de machines et tenders sont encore employées sur quelques compagnies. Nous citerons notamment le Great-Western-Ry, le Great-Northern-Ry, le Manchester-Sheffield et Lincolnshire-Ry. Partout ailleurs on préfère les fusées ordinaires. A Crewe, les fusées des essieux en fer sont cémentées et trempées. L'atelier de Saint-Rollox-Glascow du Caledonian fait les essieux moteurs droits en acier. L'usage des essieux coudés en acier commence à se répandre et on essaye de les faire en métal Bessemer, notamment à Crewe.

Contre-poids. — L'usage qui paraît prédominer en ce moment est l'équilibration de la totalité du mouvement alternatif, même pour des machines à cylindres intérieurs et avec des machines à roues motrices très chargées. On paraît ne pas se préoccuper de la surcharge qui peut en résulter à grande vitesse pour le bandage. D'un autre côté, on ne tient pas compte en général de l'écartement des cylindres et on place presque toujours les contre-poids à l'opposé des manivelles.

Dans les machines à roues couplées et cylindres intérieurs, le plus souvent il n'y a de contre-poids que sur la roue motrice. Comme exécution, ces contre-poids sont ordinairement forgés avec la roue. M. Sinclair a introduit au Caledonian et au Great-Eastern des contre-poids venant se confondre avec la jante en forme de croissant (fig. 19, pl. III).

Cylindres a enveloppes. — Dans beaucoup de machines à cylindres extérieurs la tôle de la boîte à fumée enveloppe les cylindres qui peuvent alors être considérés comme renfermés dans celle-ci.

Au London and S.-W., M. Béattie a muni quelques-uns de ses cylindres d'une première enveloppe en tôle d'acier qu'il met en communication avec la vapeur de la chaudière.

Graissage. — M. Ramsbottom applique à toutes ses machines un graisseur continu très-simple et qui paraît bien fonctionner. C'est une sphère remplie d'huile (fig. 30, pl. III) communiquant avec la boîte à tiroir; la vapeur s'y condense lentement et par petites portions et déplace ainsi une minime quantité d'huile qui va lubréfier le tiroir puis le cylindre. On emploie aussi assez souvent un autre graisseur, continu à volonté, de MM. Roscoe et Cie; il est assez volumineux et compliqué et ne paraît pas présenter d'avantages notables sur les autres systèmes usités.

Bandages. — Les bandages en acier Krupp commencent à se répandre. On en est très-content sur le Great-Eastern et sur le Midland. On les fixe à la roue, soit au moyen de vis, soit au moyen de clefs rapportées sur le côté.

M. Bridge (Adam) prétend éviter beaucoup l'usure en plaçant entre les bandages et la roue une lame d'acier formant ressort (fig. 26, pl. III). Des essais de ce système faits depuis quelques années au S'Helen-Ry et au North-London-Ry auraient donné des résultats très-satisfaisants, même pour les bandages de roues adhérentes.

Pistons. — Beaucoup de lignes emploient un genre suédois d'un modèle très-léger (fig. 28, pl. III); les segments à bouts droits, en fonte, sont très-étroits et sont juxtaposés; pour compléter la fermeture et rendre le piston plus étanche à la vapeur, on a mis dans l'intérieur une lame d'acier formant ressort et assez raide pour résister à la pression de la vapeur; elle a toute la largeur des deux segments. Les deux plateaux du cylindre sont légèrement renflés pour remplir le vide du piston. La tige est quelquefois rivée, mais souvent elle est en acier et elle est tenue par un écrou.

La figure 27 montre une disposition analogue, mais pour segments en bronze.

M. Ramsbottom préfère le piston en fonte avec trois rangées de petits segments en acier.

Changement de marche. — Le changement de marche à vis, système belge, commence à se répandre; au London et North-Western, M. Ramsbottom a supprimé complétement le levier de changement de marche et l'a remplacé par la vis (fig. 43, pl. III) dans toutes les machines neuves construites à Crewe depuis 1858. Il a été imité par M. Sinclair du Great-Eastern.

Au North-Eastern le secteur a seulement trois crans; le levier peut être rattaché à la vis au moyen d'une tringle et d'un goujon mobile afin de donner les positions intermédiaires. La manœuvre n'est pas très-commode.

Mécanisme de distribution. — La coulisse de Stephenson se trouve sous toutes ses formes, généralement comme coulisse simple et non renversée.

Hawthorn a quelquefois remplacé la bielle de suspension par un coulisseau se déplaçant dans une glissière rectiligne ou curviligne (fig. 40, pl. III).

La distribution avec coulisse rectiligne d'Allan (fig. 41 et 42, pl. III) commence à être très en faveur à cause de sa solidité et de sa simplicité.

Les circonstances de la distribution sont sensiblement les mêmes qu'avec une coulisse renversée, quand on a satisfait à la relation

$$\frac{b}{a} = \frac{l_0}{l}\left(1 + \sqrt{1 + \frac{l}{l_1}}\right)$$

(voir les lettres sur la fig. 41, pl. III)[1].

1. Un tableau de la distribution obtenue à l'aide de cette coulisse, extrait et traduit de

L'atelier dit Vulcan-Foundry, à Warrington, a quelquefois employé une distribution avec un excentrique par tiroir. Les deux poulies d'excentriques, réunies entre elles, se déplacent transversalement sur l'essieu en suivant un filet hélicoïdal qui, en changeant leur calage, produit à volonté la détente variable ou le changement de marche.

Suspension. — Les ressorts en caoutchouc sont abandonnés comme suspension. On trouve des rondelles ou des morceaux de caoutchouc interposés au-dessous des points d'attache des tiges de suspension des ressorts ordinaires, notamment au Great-Western. Les ressorts en spirale sont très-usités comme ressorts de choc et de traction, et aussi comme ressorts de suspension pour roues d'arrière dans quelques machines locomotives. La fig. 36, pl. III, représente une disposition assez simple adoptée par M. Ramsbottom pour ses trois types de machines. Les autres ressorts de suspension sont en lames et quelquefois très-longs; on en trouve au Great-Western qui ont 5 f. (1.52) de longueur.

Les diverses dispositions, soit de balanciers entre les ressorts, soit de ressorts communs reposant sur deux boîtes à graisse du même essieu ou d'essieux différents, sont très en faveur.

Nous citerons celle des machines fig. 25, pl. IV, représentée en détail fig. 37, pl. III, dans laquelle les deux essieux moteurs ont chacun quatre coussinets; il y a quatre grands balanciers supportant chacun un ressort, et les deux ressorts d'un même côté sont réunis par un petit balancier.

Appareils d'alimentation. — Les pompes sont en général à grande course, munies de réservoirs d'air tant à l'aspiration qu'au refoulement.

Les giffards les remplacent presque partout pour les constructions neuves. On met deux appareils par machine. Le type Sharp et ses dérivés est le plus employé.

Au milieu de 1864, MM. Sharp ont mis en service des injecteurs faits sur le principe de l'appareil adopté au chemin de fer de Lyon; la fig. 35, pl. III, représente leur disposition; le cône divergent est mobile et les garnitures sont près de l'aspiration et du refoulement; pour plus d'économie, les courses des aiguilles et des cônes ont été réduites, les presse-étoupes ont été remplacés par des garnitures intérieures en caoutchouc, et la fonte a été employée le plus possible.

Les mêmes constructeurs viennent de breveter une nouvelle disposition encore plus simple (fig. 34, pl. III). Le mouvement est donné par une crémaillère et les garnitures de l'aspiration et du refoulement sont supprimées. Pour assurer l'aspiration, quel que soit l'état de l'appareil,

l'ouvrage anglais de Clark, se trouve page 95 du manuscrit de la présente note, déposé à la Société.

on a pris sur le tuyau de vapeur un petit jet *a* que l'on envoie à volonté dans le tuyau de décharge; non-seulement ce jet s'oppose aux rentrées d'air, mais il augmente l'aspiration du jet principal et améliore le fonctionnement de l'appareil.

Comme installation sur les machines, les giffards sont le plus souvent placés verticalement dans les rampes, et beaucoup d'ingénieurs, M. Ramsbottom entre autres, ne craignent pas de faire arriver l'eau injectée au bas du foyer (fig. 44, pl. III). Quelques ingénieurs, voulant éviter les rentrées d'air par les rotules, ont mis sous la plate-forme du mécanicien une petite bâche où se fait l'aspiration, fig. 44, pl. III. Cette bâche, agrandie et faite en fonte, sert aussi très-souvent à améliorer la répartition des machines à roues d'arrière couplées.

Réchauffage de l'eau d'alimentation. — Quelques chemins trouvent avantageux de réchauffer l'eau d'alimentation; le South-Eastern et le Brighton-Ry prennent une partie de la vapeur directement à l'échappement et la condensent dans le tender.

Au London et South-Western, M. Béattie a pourvu ses machines d'installations assez complexes, dans la cheminée ou boîte à fumée, de manière à atteindre ce but en faisant circuler la vapeur d'échappement dans des tuyaux baignés par l'eau d'alimentation. La plupart des machines sont pourvues de petits chevaux alimentaires.

Le North-Eastern, dans quelques machines neuves, dispose le fond du cendrier en forme de caisse, où il fait arriver l'eau d'alimentation.

Nous avons dit, page 49, que M. Sturrock réchauffait l'eau de son tender moteur.

Tous ces procédés excluent plus ou moins l'emploi de l'injecteur.

Appareils a flammèches. — Il n'existe, en général, aucun appareil destiné à prévenir l'entraînement des flammèches par la cheminée, mais on s'est occupé des avaries occasionnées à la boîte à fumée par la combustion des flammèches du menu charbon, qui y sont entraînées. M. Ramsbottom, au London et North-Western, munit la boîte à fumée de ses machines d'une trémie A, fig. 11, pl. III, présentant à sa partie inférieure un orifice O rectangulaire, de $0^m,10$ sur 0,05, toujours ouvert; le tirage n'en paraît pas contrarié, pourvu que l'ouverture soit en sens inverse de la marche.

Cendrier. — Le cendrier est toujours fermé de toutes parts, et muni d'une porte ou registre à l'avant, quelquefois aussi à l'arrière. Cette porte est un des moyens de régler le tirage; elle fait aussi l'office de capuchon de la cheminée, appareil qu'on ne trouve sur aucune machine anglaise.

Grille et barreaux. — Un arrangement très-simple et très-répandu de la grille, représenté fig. 12, pl. III, consiste à supporter les barreaux par une barre de fer rond A; celle-ci est munie de chevilles dont l'épaisseur donne l'intervalle entre les barreaux, et dont l'écartement est réglé sur l'épaisseur des barreaux. Ces derniers ne sont plus que de simples barres plates, en fer laminé, ou plus rarement en fonte, suivant les goûts.

La barre A est supportée par une pièce de fer fixée au cendrier.

Les dimensions de barreaux adoptés dans beaucoup de machines sont $0^m,019$ de vide, pour $0^m,025$ de plein.

Registre a jalousie (Venetian damper). — Composé de lames horizontales mobiles, comme celles d'une persienne ou d'une jalousie, et placé dans la boîte à fumée : sert à régler le tirage. Cet appareil est assez répandu : il fait aussi très-bien l'office de capuchon.

Cheminée. — M. R. Sinclair, autrefois surintendant des locomotives du Caledonian, aujourd'hui du Great-Eastern-Ry, a mis en usage une forme de cheminée sans aucun chapiteau, fig. 6, pl. IV. L'avantage attribué à cette forme est qu'elle relève le vent et favorise le tirage. C'est ce que fait plus sûrement le paravent adopté sur quelques chemins de fer français.

M. Sinclair évase en outre sa cheminée de bas en haut, contrairement à l'ancienne pratique anglaise, qui la rétrécit au sommet. Cette forme a trouvé de nombreux partisans et imitateurs.

Abri du mécanicien. — Le climat pluvieux de l'Angleterre a fait adopter partout l'usage d'un abri pour protéger le mécanicien. Il consiste au moins en un écran en tôle garni de deux verres; d'autres fois il forme des cabines plus ou moins complètes, comme on s'en rendra compte à l'examen des figures de la planche III.

Les machines de gare ou de banlieue sont protégées dans les deux sens de marche.

Les machines pour les pays chauds ont, soit une toiture métallique à double fond avec matelas d'air entre les deux, soit plus simplement une sorte de tente en toile (machine pour le Chemin de fer de l'Est des Indes, exposition de 1862).

Métaux employés dans la construction des machines. — Le bronze est encore le métal qui domine pour les pièces de frottement, telles que boîtes à graisse, segments de pistons, tiroirs de régulateurs, etc. Mais il y a une tendance générale à s'en passer.

Quelques ingénieurs sont parvenus à employer avec succès des segments et des tiroirs en fonte; mais le métal blanc semble devoir prendre une grande extension pour le doublage de tout ou partie des surfaces de frottement. Au Great-Western, on va même jusqu'à faire exclusivement avec ce métal les coussinets de boîtes à graisse de machines et wagons.

L'acier est fort peu employé pour le corps des pièces du mécanisme. On trouve quelques essieux coudés ainsi que des bandages en acier Krupp, on s'en montre partout satisfait. On commence à essayer les essieux coudés en métal Bessemer.

Pour le mécanisme et les essieux droits, on se sert de fer de très-bonne qualité, cémenté et trempé dans les parties frottantes et aux fusées ; le tout a généralement un aspect assez léger.

Le laiton mince et poli est très-employé pour les enveloppes de dômes, pour les cercles d'enveloppes de chaudières, pour l'ornementation des garde-roues, etc.

Wilson, Hawthorn et Stéphenson ont fait et font un grand usage de la fonte pour les enveloppes de dômes de prise de vapeur, qu'ils coulent en une seule pièce (fig. 18, pl. II et fig. 1, pl. III).

Peinture des machines et tenders. — Partout la peinture des machines et tenders est faite avec beaucoup de soin. Toujours on met une ou plusieurs couches d'apprêt, on donne plusieurs ponçages et on emploie des couleurs et des vernis de très-bonne qualité. Si cette opération prend un certain temps et coûte assez cher, on regagne bien cela par la facilité d'entretien qui en résulte, l'augmentation de soin que le mécanicien apporte à sa machine (et à lui incidemment), et la bonne opinion du public qui, flatté par l'extérieur, préjuge favorablement des engins destinés à son service et de l'administration qui les possède.

Quelques chemins, tout en conservant le fini de la peinture, renoncent à la variété des couleurs et de la décoration ; le London and North-Western et le Midland entre autres se contentent de dessiner sur la peinture verte du fond quelques panneaux avec des lignes noires, sans aucun filet.

Sur beaucoup de chemins l'on peint en rouge vif, poncé et verni, les pièces de fer non polies, voire même les longerons intérieurs et les essieux. Ces pièces sont ainsi facilement entretenues propres, et si un commencement de rupture se manifestait quelque part, la peinture s'écaillerait en cet endroit et le décélerait aussitôt.

TENDERS.

Tenders et freins. — Presque toujours à six roues, et cependant d'une capacité peu supérieure en eau et en combustible aux tenders français à quatre roues. Ce n'est que dans ces dernières années qu'on s'est décidé à tirer tout le profit possible de cette disposition, en portant l'empâtement total jusqu'à $4^{m},20$, et la contenance des caisses à eau jusqu'à 10 et même 12 tonnes.

Les caisses sont généralement peu larges et très-souvent comprises entre les ressorts qui sont alors placés au-dessus des longerons. On ne trouve guère que comme exception les tenders (fig. 20, pl. II) de la section sud du L et N.-W, leur capacité est toujours très-considérable. On a renoncé dans la plupart des cas à la forme en fer à cheval ; tout l'espace est consacré à l'eau, sauf une petite portion, vers l'avant, réservée au combustible. D'autres fois, la paroi supérieure forme plan incliné et le combustible est dans toute la longueur.

Dans beaucoup de tenders récents on a fait descendre la caisse entre les longerons, et on a rendu possible la circulation le long du tender.

Les châssis sont ordinairement en fer et bois. Cependant ceux de M. Ramsbottom et de M. Sinclair sont en bois, quelquefois doublé extérieurement d'une plaque de fer.

On trouve très-souvent des balanciers de suspension entre les ressorts.

L'emploi d'un appareil de choc ou de traction élastique entre la machine et le tender commence à se répandre. Dans la plupart des cas on se borne à la simple barre d'attelage rigide, et presque toujours alors, le vide entre la machine et le tender étant très-petit, il n'y a pas de tablier mobile pour le recouvrir. Quelquefois, dans ce cas, on pose une sorte de plancher en bois, qui, partant de la boîte à feu, se prolonge jusqu'au tender sur lequel s'appuie son autre extrémité.

La fig. 18, pl. II, donne, sauf le mécanisme moteur, le type de tender le plus adopté.

Les fig. 19, 20 et 21, pl. II, en présentent d'autres.

Freins. — Les freins agissent sur tous les essieux, ils ne sont jamais combinés de manière à compenser l'inégalité de l'usure des sabots. Les sabots sont toujours fixés à la caisse, et l'emploi des barres-guides ainsi que de toutes dispositions tendant à assurer le libre jeu des ressorts pendant le serrage, est inconnu pour les tenders.

Les divers arrangements de freins peuvent se ramener à quatre principaux, caractérisés par le nom des constructeurs qui les ont propagés.

1. Frein Hawthorn (fig. 24, pl. II), agissant en général sur les roues d'un seul côté, presse chaque roue en deux points. Les sabots sont attachés à deux règles parallèles A et B, qu'une disposition quelconque anime d'un mouvement en sens contraire. Ce frein a été adopté aussi par le Great-Western.

2. Frein Stephenson (fig. 20, pl. II), toutes les roues sont serrées, mais chacune par un seul sabot. Ce frein est actuellement le plus employé par tous les constructeurs, Sharp entre autres. On le retrouve dans la fig. 18, pl. II.

3. Frein Sharp (ancien), très-compliqué, employé aussi par Fairbairn (fig. 23, pl. II), ne se fait plus maintenant.

4. Le Frein Allan (fig. 22, pl. II), primitivement appliqué aux tenders

à quatre roues du Great-Junction-Ry et à quelques autres. Les fig. 24, 25, 26 et 27 de la pl. II se rapportent à d'autres systèmes moins répandus.

L'arrangement de la fig. 27 a pour but de faire travailler toutes les tringles à la traction, ce qui n'a pas lieu dans le frein de la fig. 24.

L'arrangement de la fig. 25 a pour but de placer le sabot de telle sorte que la rotation de la roue pour la marche en avant tende à le faire descendre et non monter.

Appareil de M. Ramsbottom pour remplir d'eau les tenders pendant la marche. — Cet appareil, dont les dessins ont été publiés notamment dans le supplément au *Guide du Mécanicien*, consiste en une sorte de cuillère ou écope qui plonge dans un canal plein d'eau, d'environ 500 mètres de longueur, établi entre les voies à des endroits convenablement choisis. Il fonctionne à une vitesse minima de 30 kilomètres à l'heure, et on introduit ainsi trois à quatre tonnes d'eau. La fig. 40, pl. I, montre que la voie est disposée en plan incliné aux extrémités du canal, de manière à faciliter la mise en train et la sortie.

M. Ramsbottom, aujourd'hui loco.-superintendant de tout le London and North-Western-Ry, applique cet appareil aux tenders des machines de vitesse, et place des conduites sur les sections parcourues par les trains express. Cela n'est encore adopté que sur cette Compagnie.

Le but est d'éviter un tender contenant beaucoup d'eau et par conséquent lourd; mais cela n'a d'importance que sur une ligne accidentée; par contre, sur de telles lignes, les trains express (s'il en existe) doivent, pour être productifs, s'arrêter fréquemment, ce qui permet de reprendre de l'eau. Il est donc peu probable que cet appareil se répande en France. Il n'en est pas moins digne d'être cité comme très-ingénieux et très-bien adapté au mode d'exploitation anglais.

Tableau des principales dimensions de quelques locomotives anglaises placé à la fin du texte. — On a compris dans ce tableau quelques machines anciennes comme points de comparaison. Toutes ont été vues, et les renseignements contrôlés ou obtenus sur place. On trouvera ci-après l'indication du système des machines et de leurs principales particularités.

DESCRIPTION DES SYSTÈMES ET TYPES DES MACHINES ET TENDERS DU TABLEAU DES DIMENSIONS.

§ I. — Machines a roues indépendantes.

1. Machine dont la disposition générale a été reproduite dans la locomotive n° 18, (fig. 6 de la pl. IV); bâti mixte, cylindre extérieur légèrement incliné, distribution intérieure à coulisse simple, renversée. Un ex-

centrique spécial pour la pompe. Ces machines ont reçu depuis un petit dôme à l'avant. Le régulateur est près de la boîte à tiroirs. L'essieu d'avant a quatre fusées chargées par deux ressorts extérieurs et un ressort transvers à l'intérieur. Foyer à bouilleur transversal, en cuivre bossé.

2. Machine du type ordinaire anglais (fig. 1, pl. IV), sauf les différences suivantes : mécanisme de distribution entre la roue et le châssis extérieur, cylindre et tiroir en avant du premier essieu, de manière à mettre le tiroir à peu près extérieur. Coude de l'essieu tout près de la roue, et deux longerons intérieurs placés intérieurement aux manivelles. Chaudière fortement ovalisée, grand dôme au milieu.

3. Machine du type ordinaire anglais (fig. 1, pl. IV), avec ressorts de suspension compensateurs : depuis ils ont été ramenés à la disposition ordinaire, c'est-à-dire au-dessus du longeron, avec un balancier entre le ressort avant et le ressort milieu. Bouilleur transversal dans le foyer. (Exposition de 1851.)

4. Cylindre intérieur, bâtis intérieur. Rappelle la disposition générale de la machine (fig. 4, pl. IV); les tiroirs placés entre les cylindres ont leur axe légèrement incliné au-dessus de l'axe de ceux-ci (fig. 38, pl. III) : disposition imitée de Bury. Bouilleur longitudinal Crampton.

5. Distribution à coulisse renversée. Bouilleur transversal dans le foyer (fig. 24, pl. IV). Une soupape avec ressort fixe, l'autre chargée par une balance. Régulateur des fig. 17 et 18, pl. III.

6. Machine faite pour l'exposition de 1851, et pour montrer que sur la voie étroite les machines pouvaient atteindre des proportions aussi grandes que sur la voie large (fig. 34, pl. IV). Chaudière très-ovalisée. Foyer tourmenté, faisant saillie sous les essieux d'arrière et d'avant. Ce type n'a pas été imité, et cette machine a même dû être démolie.

7. Bâtis mixte. Excentrique spécial pour la pompe. Coulisse simple ordinaire (fig. 16, pl. IV). Foyer à bouilleur longitudinal Crampton. Ressort transverse à l'arrière.

8. Petite machine du type ordinaire anglais, analogue à la fig. 1, pl. IV. Dôme avec soupapes, au milieu.

9. Machine du même genre que la précédente. Dôme au milieu avec soupapes. Bouilleur longitudinal Crampton.

10. Tendérisation des anciennes machines du Great-Western pour le service des embranchements (fig. 31, pl. IV).

11. Essai d'installation sur la voie étroite de la machine du Great-Western, n° 5 (fig. 15, pl. IV). Pour abaisser le centre de gravité, on avait rapproché les coudes des essieux du corps de la roue, comme dans la machine n° 2, en mettant les longerons intérieurs entre les coudes, et rejetant la distribution entre la roue et le longeron extérieur. Le tiroir se trouvait alors faire saillie entre les roues d'avant, ce qui augmentait beaucoup l'entraxe extrême et avait amené l'adoption d'un avant-train américain.

Une seule machine a été exécutée sur ce type, et quoiqu'elle ait fonctionné d'une manière satisfaisante, on a étudié et adopté comme simplification la machine suivante :

12. Type ordinaire anglais, avec grand foyer Cudworth à bouilleur longitudinal reporté sur l'essieu d'arrière (fig. 7, pl. IV). En même temps, l'essieu d'avant a été énormément avancé, de manière à obtenir une bonne répartition. Le Chemin du Nord français possède un exemplaire de ce type.

13. Type de Stéphenson, à châssis intérieur, cylindre extérieur et troisième essieu derrière le foyer (fig. 3, pl. IV). Cette machine a été un des premiers types de machine express à cylindre extérieur d'une construction simple et robuste, et a beaucoup contribué à ramener l'opinion en faveur des cylindres extérieurs. Boîte à feu de forme Crampton. Foyer arrangé comme le montre la fig. 5, pl. III. Régulateur indiqué fig. 21, pl. III. Trémie à flammèches représentée par la fig. 11, pl. III. Changement de marche à vis (fig. 43, pl. III). Soupapes chargées directement par un ressort commun (fig. 25, pl. III). Ressorts en spirale pour l'essieu d'arrière (fig. 36, pl. III).

14. Grande machine express faite à peu près à la même époque que la précédente, analogue à notre type Buddicom; cylindres horizontaux (fig. 8, pl. IV). La charge sur l'essieu moteur est excessive. Le grand diamètre des roues motrices a pour but d'obtenir une marche lente du mécanisme, même aux plus grandes vitesses. Contre-poids en croissant. Ressort moteur au-dessous de la boîte à graisse.

15. Machine pour la voie espagnole de $1^{m},68$; bâtis mixtes, cylindre extérieur, sur le type de Wilson, de 1849 (fig. 5, pl. IV) (type *Jenny-Lind*). Distribution à coulisse rectiligne d'Allan (fig. 42, pl. III).

16. Machine par les ateliers de Wolverton de la section sud du L. et N.-W. (fig. 4, pl. IV), avec grand foyer à bouilleur longitudinal et chambre à combustion (système de M. Mac-Connel) (fig. 3, pl. III). Tubes très-courts. Centre de gravité très-élevé. Il n'existe que trois machines sur ce modèle, dont une a figuré à l'Exposition de 1862.

17. Machine du type ordinaire anglais, avec foyer Cudworth, et bouilleur longitudinal (fig. 2, pl. IV); longeron extérieur composé d'une seule feuille de tôle avec plaques de garde rapportées. Tuyau conduisant au tender une partie de la vapeur de l'échappement. Une pompe, un giffard.

18. Machine du genre du n° 1. Changement de marche à vis de la machine n° 13 (fig. 6, pl. IV). Foyer ordinaire, un peu sur l'essieu d'arrière, avec la porte indiquée fig. 6, pl. III. Coulisse renversée. C'est d'un lot de machines de ce type que le Creusot s'est rendu adjudicataire, et qu'il achève en ce moment la construction (juin 1866).

§ 2. — Machines a quatre roues couplées.

19. Machine mixte pour trains de marchandises. Bâtis intérieur. Cylindres intérieurs. Tiroirs au-dessus des cylindres (fig. 21, pl. IV). Régulateur à double siége analogue à celui de la fig. 24, pl. III. Ressort d'arrière en travers. Arrangement du foyer, système Jenkins, avec auvent en fonte remplaçant l'arche en brique.

20. Tout à fait semblable à la machine n° 34, fig. 9, pl. IV.

21. Machine-tender pour le chemin de ceinture North-London. Bâtis intérieur pour les roues motrices, extérieur pour l'avant-train américain. Balancier entre les roues d'arrière. Cylindres légèrement inclinés. Grand dôme à l'avant avec soupape. A servi de base à la machine n° 33, fig. 27, pl. IV.

22. Machine pour la grande vitesse sur la large voie, paraissant être la première machine avec roues de $2^{m},13$, couplées (fig. 23, pl. IV). La chaudière est la même que pour la machine n° 5. Bâtis intérieur. Cylindres intérieurs. Coulisse renversée de Gooch. Régulateur pareil à celui de la fig. 17 et 18, pl. III. Registre à jalousies dans la boîte à fumée.

Dans les machines mixtes récentes pour la voie large, construites en 1864, on a diminué un peu toutes les dimensions, et on n'a mis que six roues. On a obtenu alors des machines analogues à celle de la fig. 2, pl. IV.

23. Machines pour les trains de marchandises pour le Scotish central, qui présente des courbes assez prononcées (fig. 22, pl. IV); c'est pour cela que M. Allan a renoncé à l'accouplement des trois paires de roues; il a alors combiné l'accouplement des roues d'avant avec des cylindres extérieurs et un bâtis intérieur. Première machine avec coulisse rectiligne d'Allan; l'axe des tiroirs est incliné afin d'éviter l'essieu d'avant. Régulateur type de Bury.

24. Machine mixte adoptée par M. Sinclair pour les marchandises, sous le prétexte que l'accouplement de la troisième roue donne un surcroît de résistance trop considérable, remorquant 300 tonnes sur lignes assez accidentées (fig. 14, pl. IV). Le grand diamètre des roues a été adopté pour avoir un mouvement lent du mécanisme, et on espère par là une meilleure utilisation de la vapeur; il permet aussi d'appliquer cette machine au service des voyageurs. Cylindre extérieur. Bâtis intérieur. Coulisse renversée, système de D. Gooch. Balancier de suspension entre les roues d'arrière. Rondelles de caoutchouc interposées entre les tiges de suspension et les extrémités des ressorts. Régulateur, système Bury, pareil à celui de la pl. III, fig. 19 et 20, puis récemment régulateur des fig. 32 et 33, pl. III.

Les premières machines de ce type, faites en 1859, avaient à l'arrière une plate-forme en fonte pour ramener la charge sur les roues d'arrière ;

depuis on l'a remplacée par une caisse à eau, puis définitivement on est revenu à la plate-forme en fonte, notamment dans les machines de ce type qui ont été données à construire au Creusot, en même temps que la machine express, n° 18.

25. Anciennes machines mixtes pour marchandises du Grand-Junction; type de Crewe, bâtis mixte (fig. 12, pl. IV). Tendérisées par l'addition de caisses à eau latérales et d'une caisse à charbon à l'arrière; le régulateur est dans le genre de Bury, seulement vers l'arrière. La suspension d'arrière est faite au moyen d'un ressort transversal, dont les lames sont plus larges au milieu qu'aux extrémités : les extrémités reposent également sur des ressorts intermédiaires en caoutchouc.

26. Machine pour grande vitesse (fig. 12, pl. IV). Bâtis intérieur; les plaques de garde pour l'essieu d'avant sont à l'intérieur; mais outre les ressorts intérieurs, il y a deux fusées et deux ressorts extérieurs rattachés aux glissières, sans plaque de garde. Distribution avec la coulisse rectiligne d'Allan, chaudière système de M. Béattie (fig. 1, pl. III) et à entretoises creuses (fig. 14, pl. III). Dans quelques machines, la plate-forme d'arrière est en fonte, dans d'autres il y a sous la plate-forme une petite caisse à eau également en fonte. Dans les nouvelles machines, la coulisse d'Allan est simple au lieu d'être double.

27. Bâtis intérieur pour les roues motrices, extérieur pour l'avant-train américain (fig. 28, pl. IV). Cylindres extérieurs, contre-manivelle Crampton et distribution extérieure à coulisse renversée. Foyer Cudworth.

28. Appropriation de la machine n° 15 (fig. 5, pl. IV) à l'accouplement de la roue d'arrière (fig. 13, pl. IV), a été très à la mode vers 1849, n'est plus usitée maintenant que par Beyer-Peacock. Bâtis mixte, cylindre intérieur. Coulisse simple à points d'attache par derrière, suspendue par le milieu; le foyer, dissimulé par l'enveloppe, paraît être de forme Crampton, tandis qu'il est de forme ordinaire, mais très-peu plus grand que le corps cylindrique.

29. Voir la description à la page 77. Les détails de cette machine sont conformes à ceux généralement adoptés dans les machines à large voie du Great-Western (fig. 29, pl. IV). Foyer à bouilleur transversal, incliné vers l'arrière.

30. Voir la description détaillée à la page 78 (fig. 16. pl. II).

31. Petite machine mixte du type ordinaire, tendérisée par l'addition de caisses à eau latérales et d'une caisse à charbon à l'arrière (fig. 26, pl IV). Foyer Cudworth, comme celui de la fig. 2. pl. III.

32. Le but de cette disposition est d'avoir la caisse aux approvisionnements d'une seule pièce de chaudronnerie, vers l'arrière, et de ne pas décharger les roues motrices quand elle se vide; par contre, il faut incliner les cylindres (fig. 25, pl. IV). La suspension de cette machine a été très-étudiée et a été donnée en détail, page 59 et fig. 37, pl. III.

Le Great-Northern possède depuis longtemps des machines du même genre qu'il a obtenues par tendérisation d'anciennes petites machines de Sharp, à châssis extérieur, à roues indépendantes ou à roues couplées à l'avant, et qu'il affecte aux services d'embranchements et de banlieue.

Le London-Chatam-Dover et le Great-Northern viennent de mettre en service des machines calquées sur ce type, et où l'essieu se déplace dans des glissières inclinées du système Bridges-Adam (pareil au système E. Roy), afin de passer facilement dans des courbes de grand rayon.

Tout récemment le South-Eastern a reproduit son type fig. 25, pl. IV, mais en agrandissant la caisse aux approvisionnements et remplaçant l'essieu unique d'arrière par un truck mobile américain, à quatre roues, chargé par le pivot central.

33. Machine faite en partant du type n° 21 (fig. 27, pl. IV); même disposition générale. Chaudière agrandie, foyer Crampton, soupape Ramsbottom, dômes au milieu. Caisses à eau plus hautes. Sablière modèle allemand. Rondelles de caoutchouc interposées entre le longeron extérieur de la machine et celui de l'avant-train.

34. Machine mixte, type ordinaire anglais (Scharp) (fig. 4, pl. IV). Bâtis extérieur et longeron intérieur portant des plaques de garde pour la roue motrice. Dans beaucoup de machines analogues on a, pour ne pas rétrécir le foyer, arrêté le longeron intérieur au droit de celui-ci. Distribution intérieure avec coulisse droite simple, type de Hawthorn (analogue à celle de la machine n° 16 du Nord Français). Régulateur à tiroir, dans la boite à fumée, commandé par le levier extérieur, qui se déplace dans un guide à hélice.

Les machines citées remorquent des trains express de huit à dix voitures à 40 milles à l'heure (64 kilom.), sur section, avec rampes de 1/100 (0,01 par mètre), avec une consommation moyenne de $6^k,25$ de gros charbon du South-Yorkshire. Elles ont une arche en brique dans le foyer, et la porte représentée fig. 7, pl. III.

35. Bâtis extérieur (fig. 11, pl. IV). Cylindres horizontaux intérieurs, tiroirs entre les cylindres. Coulisse simple à points d'attache par derrière. Levier de changement de marche remplacé par une vis. Glissières simples. Suspension d'arrière sur ressorts simples. chaudière semblable à celle de la machine n° 13.

36. Machine dont il est parlé page 45, comme très-bonne pour trains express sur sections à rampes prononcées et à courbes de petits rayons (fig. 16, pl. IV). Distribution du genre Hawthorn (pareille à celle de la machine n° 16 du Nord français), la coupe de la chaudière est donnée (fig. 2, pl. III). Le régulateur est un tiroir dans la boîte à fumée, manœuvré par un levier disposé comme dans la fig. 16, pl. III. L'adoption du foyer incliné, système Cudworth, a rendu la répartition du poids très-bonne.

37. Machine mixte tender pour trains de banlieue, par M. Sinclair, pour le Great-Eastern (fig. 13, pl. III). L'eau est contenue dans des caisses placées l'une sous la plate-forme du mécanicien, l'autre entre les roues

motrices. Le combustible est dans la soute arrière. L'essieu d'avant est mobile suivant un arrangement du système Bissel, analogue à celui de la fig. 22, pl. III, seulement les points d'appui sont disposés en plans inclinés.

§ 3. — Machines a six roues couplées.

38. Type pour la large voie. Bâtis intérieur. Troisième roue derrière le foyer comme dans le type (fig. 19, pl. IV.) Distribution à coulisse renversée de Gooch. Arrangement de détail généralement adopté pour les machines du Great-Western. Foyer à bouilleur transversal.

39. Machine sur le type fig. 17, pl. IV (dont on a fait le type fig. 18, pl. II, par allongement du foyer). Bâtis extérieur. Manivelles en porte-à-faux. Longeron intérieur avec plaques de garde et ressorts pour l'essieu moteur; en général, ce longeron s'arrête au foyer. Bouilleur transversal.

40. Machine sphynx de Sharp, agrandissement du type Mammouth de Stephenson (fig. 20, pl. IV); première machine, portant la distribution, introduite en France par MM. Gouin et Lloyd dans la machine *le Rhône*, forte machine à marchandises dont le type a été également adopté, de 1851 à 1855, pour la section Sud du London and North-Western; on lui a depuis préféré le type avec troisième essieu derrière le foyer, à cause de la grande vitesse des trains de marchandises, tant sur le Lancashire-Yorkshire-Ry que sur le L. et N.-W.-Ry. Les roues sont en fonte avec bandages en fer.

41. Type qui a succédé aux machines à foyer en porte-à-faux. Bâtis intérieur, disposition analogue à celle de la machine fig. 19, pl. IV; la plupart ont la chaudière Crampton; quelques-unes ont une chambre de combustion. Les premières, de 1857, ont la distribution du Sphynx; les machines plus récentes ont les tiroirs inclinés et au-dessus des cylindres, comme dans la fig. 38, pl. III.

42. Bâtis extérieur. Cylindre intérieur. Glissières simples (fig. 19, pl. IV). Distribution de la machine mixte du même ingénieur (Voir n° 35). Même chaudière, qui est aussi celle de la machine express n° 19 (fig. 3, pl. IV).

43. Bâtis extérieur. Un longeron intérieur s'arrêtant au foyer comme dans la machine n° 30 (fig. 17, pl. IV). Foyer Crampton. Coulisse simple. Guide carré.

44. Machine du type précédent, avec foyer Cudworth (fig. 18, pl. IV). Le longeron intérieur a toute la longueur de la machine; machine très-forte et bien répartie.

45. Voir la description, page 48.

46. Voir la description, page 49.

III. VOIE.

Largeur de la voie — En Angleterre et en Écosse on ne fait plus que des chemins à voie de 1m,50 de largeur.

Cependant le chemin métropolitain de Londres et le prolongement de ce chemin (Metropolitan-extension) destinés à relier entre elles toutes les gares de Londres, y compris celle du Great-Western, ont été faits avec trois files de rails, de manière à présenter les deux largeurs.

Le Great-Western reste donc isolé, et encore, comme il a pris à bail l'exploitation de lignes à petite largeur au nord de Birmingham et Wolwerhampton, dans le but de rivaliser avec le London et North-Western entre Londres et Liverpool (Birkenhead), il a été conduit pour éviter les transbordements divers à poser une troisième file de rails, entre Wolwerhampton, Birmingham et Londres. Les trains en destination des lignes à petite largeur de voie sont exclusivement depuis Londres formés avec des machines et wagons à petite largeur de voie.

Il ne reste plus uniquement à grande largeur que les sections : 1° de Didcot à Swindon, Bristol à Exeter et embranchements; 2° Swindon à Glocester et Hereford; 3° Glocester à New-Milford (South-Wales branch): — ces sections seront mises à trois files de rails, puis probablement ramenées à la petite largeur, ainsi que tout le réseau.

Système de voie. — Nous rappellerons que le rail préféré est le rail à double champignon.

Le London et North-Western, le Lancashire-Yorkshire ont une voie très-robuste; le rail est très-lourd, pèse 47 à 48 kil. le mètre courant, et a ordinairement 6m,40 de longueur. Les éclisses ont près de 50 c/m de longueur. Le coussinet également très-lourd est tenu par trois chevilles, deux en bois et une en fer.

Parmi les essais qui ont été faits, on trouve encore du rail Barlow, sur la voie du West-Midland, entre Hereford et Newport. Le London and Chatam-Ry, de construction récente, a adopté en partie le rail Vignoles, mais il semble méconnaître un de ses avantages en le posant sur une semelle en fonte (fig. 32, pl. I), et l'éclissant en porte-à-faux.

Nous avons déjà signalé, page 32, que les rails en métal Bessemer ont été essayés avec succès surtout par le London et North-Western-Ry; il y aurait une certaine tendance à en étendre partout l'emploi.

Dans les rues ou sur les ports on emploie un bridge-rail de la section indiquée fig. 35, pl. I.

Croisements de voie. — L'usage de l'acier Bessemer paraît très-apprécié, principalement les cœurs qui se font d'une pièce et s'attachent au reste de la voie au moyen d'éclisses et de clavettes.

Leviers des aiguilles. — Nous répéterons que les leviers des aiguilles sont au moins pour les aiguilles principales ramenés dans des cabanes élevées au-dessus du sol, et où se trouvent en même temps les leviers de manœuvre des signaux.

On se sert beaucoup de leviers affectant la forme des leviers de changements de marche des locomotives, et fixés par un verrou à un secteur portant deux ou trois crans.

Réfection des rails. — Beaucoup de compagnies adjoignent à leurs ateliers une fabrication de rails. Nous citerons notamment le Great-Western à Swindon, le Manchester-Sheffield and Lincolnshire à Gorton, près manchester, le London and North-Western à Crewe.

Dans ce dernier établissement on puddle des fontes de choix pour obtenir du fer que l'on corroie ensuite, et dont on forme les couvertes des paquets à rails; l'intérieur de ceux-ci est formé de vieux rails. On fait grand usage du marteau pilon pour souder les paquets tant pour couvertes que pour rails.

On y lamine aussi aujourd'hui les rails en métal Bessemer.

Disposition de trois voies dans un souterrain. — Le London et North-Western, ayant à prendre des trains de charbon sitôt qu'ils sont formés par les expéditeurs, ne peut avoir des heures très-régulières pour ces trains; aussi pour décharger sa ligne aux abords de Londres, il a posé une troisième voie depuis Bletchley, où les trains de charbon de l'Ouest se rencontrent avec ceux des comtés du centre, jusqu'à la gare des marchandises de Londres. Elle ne sert que pour les trains sur Londres; au retour les trains de wagons vides peuvent être expédiés à des heures régulières et sont renvoyés par la voie ordinaire. Cette voie supplémentaire passe en dehors des diverses stations que l'on rencontre et a ses ouvrages d'art spéciaux. Toutefois, pour éviter la percée d'un deuxième souterrain très-long, près de la station de Watford, on a ramené la voie dans le souterrain primitif en plaçant chacune de ses files de rails à 10 c/m des files correspondantes de la voie primitive, fig. 35, pl. I; de la sorte on n'a plus que des croisements simples de voie au lieu d'aiguilles et pas de cause de ralentissement. Des signaux fixes empêchent deux trains marchant dans le même sens de se trouver à la fois dans le souterrain.

Bifurcation de Sydenham.— Le South-Eastern et le Brighton-Ry, qui ont un tronc commun depuis Red Hill jusqu'à Londres, ont quatre voies entre Croydon, station terminus de la banlieue de Londres, et London-Bridge. Les deux voies centrales *a* et *b* (fig. 34, pl. I) sont affectées aux trains de grande ligne des deux compagnies; la voie *c* extrême gauche est la voie d'aller pour la banlieue, la voie extrême droite *f* la voie de retour. A Sydenham se détache l'embranchement très-fréquenté de Cristal-Palace, et pour éviter que la voie de départ ne coupe les trois autres voies, on l'a déviée à gauche sitôt les aiguilles, en *d* (fig. 34), et on l'a fait passer par-dessus les autres; alors elle se retrouve parallèle à la voie de retour *gng*. — Une disposition analogue de voies passant par-dessus les autres a été adoptée, et dans le même but, à la jonction de Norwood, de la même compagnie. Et on trouve en Angleterre de fréquents exemples de cette disposition.

IV. DIVERS.

I. — PONT DE CHARING-CROSS.

Le pont de Charing-Cross, livré à la circulation au milieu de 1864, a été bâti pour le South-Eastern, sur l'emplacement même du pont suspendu de Hungerfort; ce dernier a servi comme pont de service, et les piles en maçonnerie ont été agrandies et conservées comme piles principales. En outre, on a intercalé des piles composées de cylindres en fonte, de manière à les séparer en deux travées de 30 mètres, suivies de six travées de 47 mètres.

La largeur de la rivière, en cet endroit, est de 400 mètres; la profondeur de $2^m,70$ au-dessous des basses marées d'équinoxe. Le niveau des rails est à $9^m,30$ au-dessus des hautes eaux à l'échelle de Trinity, et le minimum de hauteur libre, dans les mêmes circonstances, est de $7^m,50$.

Les cylindres des piles ont environ 4 mètres de diamètre au-dessus du sol, et $3^m,20$ au-dessous. Une pile comprend deux cylindres écartés de $14^m,80$, et réunie par une poutre en treillis.

Ces cylindres sont enfoncés dans la couche de vase et de gravier qui recouvre l'argile de Londres. L'enfoncement s'est fait en draguant l'intérieur et chargeant les cylindres; la profondeur maximum atteinte a été de 22 mètres au-dessous des hautes eaux. Les piles ont été remplies de portland jusqu'au niveau du sol, puis au-dessus en maçonnerie de briques, avec un couronnement en granit.

La partie métallique se compose de deux cours de poutres principales, fig. 36, 37, et 38, pl. I, au-dessous desquelles sont suspendues des poutres transversales, supportant la voie : celles-ci se prolongent en dehors des poutres, de manière à former des passerelles extérieures, dont l'une est destinée au public, et l'autre au service du railway. Il y a quatre voies dans la largeur.

L'élévation et la coupe d'une poutre principale sont données fig. 37 et 38, pl. I. Les caissons inférieurs et supérieurs sont réunis par des barres verticales et diagonales, en fer forgé, attachées par des boulons en acier puddlé. Les diagonales résistant à la compression, sous la charge statique, sont entretoisées par des treillis.

Vers le côté de la gare de Charing-Cross, le pont est disposé en éventail, à cause des changements de voies. Dans cette partie les poutres transversales ont été remplacées par des poutres longitudinales.

Ce pont a coûté, dit-on, 4,500,000 fr. Il a été étudié et exécuté sous la direction de M. J. Hawkshaw, président des ingénieurs civils de Londres; par M. J.-H. Stanton, ingénieur résidant; MM. Cochrane et Cie, entrepreneurs.

II. — PONT DE BLACFRIARS POUR LE METROPOLITAN-EXTENSION.

Le pont est pour quatre voies, et il y a trois poutres longitudinales; elles sont séparées sur les piles et forment autant de travées discontinues. Le système adopté est le treillis à larges mailles, formant un losange dont la diagonale horizontale a environ 1 mètre, et la diagonale verticale environ 1[m],80. Il y a seulement une maille et demie dans la hauteur.

La poutre du milieu reproduit à peu près la juxtaposition des deux autres.

Chaque file de rails est portée par une poutre longitudinale reposant sur des poutres transversales espacées d'environ 1[m],30, et rattachées aux maîtresses poutres.

Le plancher en bois est recouvert d'une couche d'asphalte.

La partie supérieure du pont est faiblement contreventée.

III. — METROPOLITAN RY-CY.

Une compagnie, dite *Metropolitan*, a construit, au milieu de Londres, un chemin de fer souterrain de quelques milles de longueur, allant de Paddington à King's-Cross, de King's-Cross à Farringdon-Street, près du Post-Office, et de là à Moorgate-Street, près Finsbury-Circus.

Ce chemin a coûté plus de 30 millions de francs.

Il est prolongé vers la rive droite de la Tamise, pour arriver à Victoria-Station, par une ligne appelée *Metropolitan-extension*, appartenant au London-Chatam-Dover-Ry. Par le Great-Western, il est en communication avec l'embranchement du quartier de Hammersmith.

Ce chemin est presque toujours en souterrain, sous des voies et des maisons; il est voûté quand on a assez de hauteur, sinon il est formé de deux murs verticaux en maçonnerie supportant des poutres en tôle perpendiculaires à l'axe du chemin, avec voûtes en briques entre elles.

La voie est composée de trois cours de rails, à l'écartement de la petite largeur (1[m],50), et grande largeur (2[m],13). Les rails sont du type Vignolles, assez bas, posés sur longuerines, comme la voie du Great-Western, et éclissés au joint.

Trois compagnies ont des trains circulant sur cette ligne :

1° Le Metropolitan, ayant ses trains spéciaux, faits par son matériel spécial, de Farringdon-Street à Hammersmith, trains toutes les demi-heures, en hiver, et toutes les vingt minutes en été, jusqu'à Hammersmith, et à des intervalles plus rapprochés jusqu'à Bishop's-Road, circule sur la voie étroite.

2° Le Great-Northern, dont la plupart des trains de banlieue (Londres à Hatfield ou Hitchin) partent de Moorgate-Street (City), et viennent à rebroussement sur la voie de départ de King's-Cross, par la voie A, fig. 39, pl. I; on retourne à Farringdon-Street en rebroussant par la voie B. Trains sur la voie étroite.

3° Le Great-Western, allant de Moorgate-Street à Kensington avec ses trains spéciaux. Trains toutes les demi-heures, sur la voie large.

De Moorgate-Street à Bishop's-Road (Paddington), il y a sept stations: le trajet total se fait en vingt-deux minutes. La gare de Bishop's-Road est en tête de la gare de Paddington du Great-Western, et toutes deux communiquent par des passages couverts.

Les dépôts de machines, ateliers et remises particulières à la compagnie du Metropolitan sont à la station de Edgware-Road. Les remises sont rectangulaires. Le chariot de service est commun à la remise des machines et à la remise des wagons. Les machines pouvant marcher indifféremment en avant ou en arrière, il n'y a pas de plaque tournante pour elles.

Matériel. — Wagons. — Les wagons ont été établis sur un type étudié par le Great-Western. Ceux du Great-Western sont à grande largeur de voie et construits dans ses ateliers. Ceux du Metropolitan sont à petite largeur. Les caisses sont en bois de teack, et pour distinguer les premières classes des autres, le haut de la caisse et l'entourage des fenêtres est peint en blanc; pour les autres, le bois est verni. Elles sont très-longues, et contiennent de six à huit compartiments, suivant la classe.

Les châssis ont huit roues groupées quatre par quatre aux extrémités, et avec un écartement extrême d'environ 10 mètres. Comme le chemin présente des courbes assez raides, on a voulu, sans employer le truck américain, obtenir de la souplesse par une disposition analogue. On a réuni les boîtes à graisse de deux essieux entre elles, solidement, fig. 15, pl. II, et on a un groupe de deux essieux forcément parallèles, qui n'ont aucune tendance au déraillement. Il y a un jeu énorme dans les plaques de garde, qui n'ont plus qu'un rôle de sécurité, et les ressorts entraînent les roues comme dans les voitures de routes de terre. Les tiges de suspension du milieu sont tenues par un balancier qui facilite la convergence du truck en courbe.

Le châssis est entièrement en fer; le longeron est formé d'une seule feuille de tôle; la caisse repose sur une large cornière qui règne tout du long. Le longeron est consolidé par un treillis en fer, représenté par la fig. 15, pl. II, solidaire des plaques de garde.

Certains wagons ont des freins pour les deux trucks, et la manivelle est placée dans un compartiment de service de deuxième classe, au milieu de la banquette. Dans ce compartiment se trouve aussi la roue qui porte le fil de communication des agents du train entre eux.

Les trottoirs des gares étant partout à la hauteur du wagon, on n'a établi qu'un seul marchepied; il serait très-malcommode, s'il devait servir aux voyageurs.

Éclairage au gaz. — Ce qu'il y a de plus étudié dans ces wagons, c'est le système d'éclairage, qui joue un grand rôle pour un chemin souterrain. La lumière est produite dans chaque compartiment par deux becs de gaz, fig. 14, pl. II. Le gaz est contenu dans un réservoir A sur le ciel du wagon. Ce réservoir a ses côtés en toile et forme soufflet, afin de chasser toujours le gaz par le poids du dessus ; le tout est enfermé dans une boîte à couvercle. La longueur du wagon comporte trois réservoirs ne communiquant que par une tubulure ; de chaque côté et en dehors règnent deux tubes en fer, d'où partent les petits conduits pour chaque bec. Chaque conduit a son robinet hors de la portée des voyageurs.

Les signaux d'arrière des trains sont également éclairés au gaz.

La jonction entre deux wagons peut se faire par un tuyau flexible en caoutchouc, vissé sur un robinet en bronze : ordinairement cette jonction n'est pas faite et aux stations extrêmes on a un boyau spécial pour chaque voiture, les prises de gaz étant ménagées dans l'entre-voie, ou sous le trottoir, et espacées de la longueur d'une voiture. On place au sommet une aiguille qui indique le degré de remplissage du réservoir. Sur le Lancashire-Yorkshire le bec est commun pour deux compartiments, et il est placé dans une échancrure de la cloison, comme l'indique la fig. 13, pl. II, presque toutes les voitures sont éclairées au gaz.

Le gaz est emporté soit par chaque voiture, comme au Metropolitan, soit dans le fourgon. Ce dernier porte alors dans un compartiment spécial un vaste réservoir avec soufflet en forte toile, et les wagons communiquent entre eux au moyen d'un boyau en caoutchouc. Ce système est aussi appliqué par le Great-Northern pour les trains Metropolitan et de la banlieue de Londres.

Locomotives. — On s'était posé comme programme de ne pas laisser échapper la fumée ni la vapeur dans les parties en souterrain.

Les premières machines mises en service ont été celles du Great-Western, d'un nouveau type spécial étudié dans son atelier.

Ce sont des machines mixtes tenders, fig. 29, pl. IV, pour la voie large, à six roues dont quatre couplées à l'arrière, avec cylindres extérieurs inclinés, tiroir et distribution à l'intérieur du châssis, châssis intérieur. Le combustible, qui est du coke, est dans une petite caisse à l'arrière ; l'eau est contenue dans deux caisses, l'une à l'arrière sous la plate-forme, l'autre entre les deux essieux d'avant. Pour remplir le programme posé, le tuyau d'échappement porte une valve qui permet de diriger tout ou partie de la vapeur dans la caisse à eau d'avant; en outre il y a devant les tubes de la boîte à fumée et devant la porte du cendrier une série de lames en persiennes qui permettent de fermer toute issue aux produits de la combustion.

On a trouvé en service que la quantité d'eau emmenée n'était pas suffisante pour condenser la vapeur, aussi la compagnie du Metropolitan a-t-elle demandé un autre type à MM. Beyer et Peacock de Manchester, d'autant plus qu'elle voulait des machines pour la petite largeur de voie.

Le type qui a été mis en service et qui a donné de bons résultats est représenté fig. 16, pl. II.

C'est une machine-tender à huit roues et avant-train mobile. Les deux paires de roues d'arrière sont motrices, les cylindres extérieurs inclinés avec tiroir et distribution intérieure, bâtis simple. Caisses à eau latérales, et soute à charbon en travers sur l'arrière. La boîte à fumée porte un registre à persiennes, et l'avant du cendrier est muni d'un registre. L'échappement peut être entièrement dirigé dans les caisses à eau, et celles-ci portent une petite cheminée pour dégager la vapeur quand l'eau est trop chaude : les bâches contiennent en tout $4^t\,1/2$ d'eau et on peut marcher environ huit kilomètres en condensant toute la vapeur dépensée, mais alors l'eau est tellement chaude qu'il faut en rejeter une partie au moyen d'un large clapet de décharge établi *ad hoc* vers l'arrière, puis renouveler l'approvisionnement. La machine est munie de deux pompes et d'un injecteur giffard.

Comme autres détails, on remarque : le foyer à charbon qui est assez long ($1^m,80$) et avec une grille inclinée; des balanciers de suspensions entre les ressorts des roues d'arrière. Un revêtement en bois sur les parois de la caisse à eau qui entourent la place du mécanicien afin d'empêcher le rayonnement du tender; les paniers d'introduction d'eau qui se ferment hermétiquement en appuyant sur le couvercle par un levier et une vis. La sablière située au-dessus du corps cylindrique.

Les principales dimensions sont inscrites au tableau des dimensions générales, placé à la fin du texte.

L'arrangement de l'avant-train, imité d'une patente américaine de Bissel, permet le mouvement de convergence du pivot, et mérite une mention particulière. Il est relié à la machine au moyen d'une barre d'attelage articulée par une extrémité au pivot du truck et par l'autre à une traverse voisine de l'essieu moteur; la boîte à fumée de la machine repose sur l'avant-train par l'intermédiaire d'une glissière taillée en plan incliné, de manière à gêner les déplacements transversaux du truck et à assurer la stabilité en ligne droite. On peut cependant reprocher à tout cet attirail un peu de complication.

IV. — Aménagements des chemins de fer dans les ports charbonniers et manutention des charbons.

Les ports des environs de Newcastle et de Cardiff sont les deux principaux pour l'embarquement des charbons destinés surtout à l'exportation.

A Newcastle, les mines sont dans les coteaux qui bordent la Tyne et les galeries débouchent tout près des navires qu'il s'agit de charger; chaque mine a son petit chemin de fer particulier, et il y a peu de transport de wagons. A Cardiff, au contraire, les mines sont très-loin du port et dans l'intérieur des terres, et les divers embranchements de mines viennent aboutir à un tronc commun appartenant à une Compagnie particulière qui se charge du remorquage des trains.

Ports de Newcastle, de South-Shields et de North-Shields, sur la Tyne.

Tout le long, sur les deux rives de la Tyne, on trouve, pour l'embarquement des charbons sur les navires, les divers systèmes bien connus sous le nom de drops; le charbon est amené de la mine soit directement par des wagons, soit dans quelques cas par des bateaux.

Pour les charbons amenés par le North-Eastern des comtés de Durham et de Northumberland, on a adopté des dispositions plus perfectionnées, dans le Tyne-Dock à South-Shields, et elles méritent d'être étudiées sur place en détail.

Pour se délivrer de l'ennui de la marée, on a construit un immense bassin à flot avec écluses d'entrée.

Des renseignements très-complets ont été publiés par M. Harrisson, à la Société des Ingénieurs civils de Londres (n° 18, session 1858-1859). Nous citerons ici brièvement : que le dock pourra contenir quatre estacades, dont deux sont construites; chaque estacade contient dix trémies desservies chacune par sa voie spéciale. Les voies sont en pente, de manière que tout le mouvement des wagons se fait par la gravité. Chaque trémie est ingénieusement combinée : 1° de manière à s'approprier à la hauteur du bateau et à abandonner le charbon en chute libre d'aussi peu haut que possible; 2° de manière que l'inclinaison de la trémie soit toujours constante et de 50 degrés, juste assez pour que le charbon puisse glisser sans rouler sur des plaques de fer lisses (fig. 6, pl. V).

Les grues pour décharger le lest sont mues par des appareils hydrauliques, système Armstrong, et sont pareilles à celles que nous décrirons tout à l'heure pour le port de Cardiff, et que représente la fig. 5, pl. V.

C'est de l'ouvrage de M. Harrisson qu'ont été extraites les fig. 3, 5 et 6, pl. V.

Port de Cardiff.

Le port de Cardiff se compose de plusieurs bassins irrégulièrement placés, tous occupés par des navires charbonniers et desservis par trois chemins de fer distingués sur le plan d'ensemble (fig. 8, pl. V).

En traits pleins. Great-Western (ligne du South-Wales) large voie.
En traits ponctués. Taff-Ralle-Ry — — voie étroite.
En traits pointillés. Rhymney-Ry — — voie étroite.

Le sol du port est de très-peu au-dessus du niveau de l'eau.

Il faut toujours faire arriver le charbon, ou plutôt les wagons à charbon, assez haut pour verser le charbon dans les navires au moyen de plans inclinés ou trémies. Cela s'obtient soit en faisant circuler les routes de fer sur des remblais élevés de 8 à 10 mètres au-dessus du sol, et c'est le cas général, soit en établissant des monte-charges à plateaux qui élèvent les wagons au niveau des trémies.

Voici, dans ce dernier cas, la disposition générale (fig. 1, pl. V). Une machine à vapeur faisant marcher le plateau élévatoire *a* est placée en A; une estacade BC supporte une voie DD, aboutissant à deux trémies *t*, *t*, par l'intermédiaire de deux plaques tournantes *b*, *b*.

Chaque plaque est munie d'un compteur qui indique le nombre de wagons vides.

Systèmes employés pour décharger les wagons. — Le moyen généralement usité consiste : 1° à soulever le wagon de 0m,50 sur son essieu d'avant au moyen d'une chaîne *d* (fig. 2, pl. V), passée en C, sous les tampons d'arrière; 2° à abaisser la plate-forme AB de 1m,50, parallèlement à elle-même ; le point *c* restant fixe et la roue d'avant descendant avec la plate-forme AB, le wagon se trouve ainsi incliné de deux mètres et le charbon tombe par la porte avant dans la trémie.

La plate-forme AB est suspendue à des poids *p*, *p*, qui sont entraînés par le wagon plein, et remontent le wagon vide; toute la manœuvre se règle par un frein agissant sur les poulies D des contre-poids; ainsi, quand le wagon est amené plein, on serre ce frein pendant la première opération, où l'on soulève par les tampons d'arrière; puis il suffit de lâcher le frein pour que la plate-forme descende. Pendant que le wagon se vide, on serre le frein; et quand on veut faire remonter la plate-forme, il suffit de le lâcher de nouveau.

Les trémies sont à hauteur mobile, suivant la force du navire; on cherche toujours à obtenir une inclinaison constante, juste suffisante pour faire couler le charbon, et on veut en même temps faire arriver la bouche de la trémie au niveau du pont du navire. Dans quelques trémies une planche mobile peut se mettre en travers pour arrêter le charbon quand on en a trop.

Le charbon n'en tombe pas moins de toute la hauteur de la cale. Nous n'avons remarqué nulle part d'installation spéciale pour éviter cette chute qui brise le charbon; quelquefois on laisse dans la cale, au-dessous de l'ouverture, un monticule de charbon qui pare un peu à l'inconvénient signalé.

Système hydraulique du Great-Western. — Les premiers appareils du Great-Western ont l'arrangement commun, mais dans les derniers placés au bord d'un bassin à flot (en A, Bute-East-Dock) on a voulu éviter toutes estacades en se servant d'appareils hydrauliques dont le principe est indiqué par la fig. 4, pl. V.

Le plateau P monte le wagon au droit de la trémie T, au moyen d'un piston R mû par la pression de l'eau comprimée. Le plateau est guidé par des montants verticaux M, qui forment comme une sorte de cage à l'appareil, et, arrivé à la partie supérieure, il peut s'incliner afin de verser le contenu du wagon dans la trémie.

Transbordement du charbon venant par le canal. — Certaines Compagnies de mines, placées sur le bord d'un canal, chargent dans des bateaux qui se rendent dans le port de Cardiff pour être transbordés dans les grands navires. L'installation se compose alors (fig. 3, pl. V) d'une charpente élevée au bord du quai et soutenant un grand bras qui s'allonge en potence assez avant dans le bassin. Une poulie, montée sur un chariot B, se promène sur le bras en transportant une benne du bateau au navire. Le mouvement du chariot tant en avant qu'en arrière, ainsi que la descente ou la remonte de la benne, se font au moyen de treuils A spéciaux établis au pied de la charpente. On voit de suite que le mouvement en avant du chariot B élève en même temps la benne de manière à l'amener au-dessus du bateau, et il n'y a plus à la laisser descendre que d'une petite quantité.

Déchargement du lest. — Les navires charbonniers reviennent le plus souvent à vide à Cardiff, et sont lestés au moyen de terre. Il faut des moyens assez rapides pour les débarrasser de ce lest, et l'engin le plus communément employé est représenté fig. 5, pl. V. Un grand bras A, articulé en B, descend la benne C; lorsqu'on la remonte en C′, un boulet vient en D′, fait arrêt en E, et remonte en même temps le bras A dans la position A′; alors le fil conservant la position verticale, la benne C se trouve de suite amenée en C″, où on la verse dans une trémie *t* et un wagon *t′*.

Ces mêmes appareils sont quelquefois installés à un étage au-dessus des trémies destinées à charger le charbon (elles sont relevées quand elles ne fonctionnent pas), mais il y a aussi un endroit spécialement réservé aux grues à lest (ballast eranes), comme l'indique le plan, et c'est à cet arrangement que se rapporte la figure.

GRUE A PIVOT. — On trouve une grande grue sur le port, près de la Taff-Vale-Station, pour charger les fers ou matières lourdes. Elle est placée en B sur le plan général, et est représentée en élévation par la fig. 7, pl. V.

Le bras de la grue s'appuie sur un galet G, qui roule sur une couronne conique venue de fonte avec le pied fixe. Le pivot est donc déchargé d'une partie du travail.

MATÉRIEL DE TRANSPORT. — Les wagons qui amènent les charbons au port de Cardiff, par le Taff-Vale-Ry et le Rhymney-Ry, appartiennent aux différentes mines qui envoient à ce port. Ils sont tous d'une capacité restreinte, variant de 3 à 4 tonnes, et pesant de 2 à 3 tonnes. Ils sont en général de forme rectangulaire, et ont tous un frein à main agissant le plus souvent sur deux roues d'un même côté.

Quelquefois le charbon vient de la mine dans des sortes de bennes carrées ou caisses en tôle à fond mobile, deux par deux sur un truck spécial appartenant à la Compagnie du chemin de fer.

L'entretien et la construction de ces wagons sont faits à l'entreprise par des constructeurs spéciaux qui ont établi de petits ateliers sur le port même.

DISPOSITIONS D'ENSEMBLE. — Les manœuvres des wagons sur les voies se font par de petites locomotives de gare ou par des chevaux. Quelquefois, quand on met une machine élévatoire, les wagons sont tirés par un câble que cette machine met en mouvement.

Tout le port entier est éclairé au gaz, et pourvu d'une distribution d'eau douce.

V. NOTE ANNEXE.

CONSIDÉRATIONS SUR LES LOCOMOTIVES A TENDER AUXILIAIRE MOTEUR.

Nous avons avancé, page 49, que la machine locomotive à tender auxiliaire moteur pouvait avoir sa raison d'être, nous allons essayer de justifier cette assertion et cela nous amènera naturellement à comparer les machines à tender séparé, les machines-tenders proprement dites et les machines à tender auxiliaire moteur. Il est entendu qu'il ne s'agit ici que de machines dont tous les essieux sont moteurs.

L'avantage semblait bien acquis aux machines-tenders, c'est-à-dire aux machines à adhérence totale, surtout depuis une étude récente et très-complète faite par M. Brüll sur ce sujet (*Bulletin de la Société*, n° 1 de 1864), mais nous trouvons dans le premier bulletin de 1866 (p. 144), dans une note de M. Desgrange sur l'exploitation du Semmering, un paragraphe qui semble tout remettre en question, et dont voici le texte :

« De tout ce qui précède, il ressort pour nous la preuve évidente que « la traction en montagne, avec des rampes de 25 à 30 millimètres, est « résolue économiquement, avec des machines simples à huit roues « couplées disposant d'une force d'adhérence et de vaporisation corres- « pondant à un effort de traction de 7,500 kil. et sans qu'il soit néces- « saire de recourir à des moteurs plus puissants et nécessairement plus « compliqués. *Nous ne pouvons reconnaître qu'il y ait avantage réel à faire « porter l'eau et le combustible par la machine pour les utiliser à l'adhérence:* « c'est un supplément de force sur lequel on ne peut compter, puisqu'il « s'épuise successivement, et a l'inconvénient de compliquer les ma- « chines, de surcharger les roues et d'augmenter les frais d'entretien. »

Si la deuxième partie s'applique à l'ancienne machine Engerth du Semmering, la désignation de *portant l'eau et le combustible* est inexacte ; si elle s'applique aux machines-tenders proprement dites, nous espérons que les observations que nous allons développer dans le cours de cette note apporteront quelques restrictions à la généralisation de cette doctrine.

Considérant les machines Engerth comme système de machines, nous ferons remarquer que dans les premières machines du Semmering, l'approvisionnement d'eau était porté dans des caisses fixées latéralement à la machine, de même que dans les Engerth du Midi français, tandis que dans les machines du Nord, les approvisionnements sont complétement en dehors de la machine proprement dite.

C'est une machine à tender séparé, mais non séparable dans les habitudes usuelles du service, et l'accouplement par le pivot admis seulement pour égaliser la répartition en reportant sur le tender le poids d'une partie du foyer a manqué son but au chemin de fer de l'Est, parce que la nature du combustible a conduit à en mettre une grande quantité sur le tender et que celui-ci, loin de soulager la machine, s'est trouvé trop chargé par lui-même.

Il n'est donc pas étonnant que ces dernières machines soient devenues d'un meilleur emploi après leur séparation d'avec leur tender, tandis que les premières ont pu être maintenues avec avantage en service. Mais comme la connexion trop intime du tender et de la machine est gênante pour le service, et comme il n'y a pas lieu de redouter les porte-à-faux dans les machines marchant toujours à de faibles vitesses, il n'est pas étonnant non plus que dans les nouveaux types de machines à huit roues couplées, on ait franchement séparé la machine du tender, les uns acceptant l'inégalité de répartition qui résulte d'un grand foyer placé à l'arrière, les autres cherchant à ramener du poids sur l'avant au moyen de lest en fonte; d'autres enfin arrivant à l'égalité de charge sur les essieux, au moyen d'un foyer du genre Belpaire placé au-dessus du dernier essieu.

Ces quelques réflexions terminées, nous arrivons à la comparaison des trois systèmes de machines.

Dans l'étude déjà citée sur les locomotives puissantes, M. Brüll donne, en faveur des machines à adhérence totale, des résultats théoriques et pratiques qui n'ont fait que se confirmer de plus en plus.

Nous allons essayer dans le tableau B ci-joint de mettre ces résultats sous un aspect un peu différent.

Nous supposerons, ce qui existe aujourd'hui d'ailleurs, que les divers éléments d'une machine sont bien proportionnés dans leurs rapports et nous prendrons comme base de nos comparaisons le poids, sous les roues motrices, utile pour l'adhérence.

Dans le tableau, on a fait ressortir, pour les diverses catégories de machines, le poids de la machine et tender pleins, le poids de la machine et tender vides et la partie de ce poids utilisée pour l'adhérence.

On a ensuite établi le prix total de chaque type, en y comprenant le tender et opérant de la manière suivante :

Le prix du kilog. de machine est compté à 1f,70.

Le prix du kilog. de tender est compté à 1f,00.

Dans une machine-tender, tout est compté au même prix que la machine, ce qui est un peu exagéré quand les caisses à approvisionnements sont d'une construction et d'une pose simples.

Dans les machines à tender moteur, on suppose que l'attirail supplémentaire pèse 2 tonnes et se paye à raison de 2 fr. par tonne.

Cela permet d'établir la colonne des prix comparatifs de 1 tonne d'adhérence.

Pour compléter la comparaison, on a calculé pour chaque système la quantité de surface de chauffe pour 1 tonne d'adhérence et, pour cela, on a considéré la surface de chauffe réduite, c'est-à-dire que chaque mètre de surface de foyer entre pour sa valeur totale, tandis que 1^{mq} de tubes compte comme 1/3, et 1^{mq} de sécheur comme 1/9 de mètre carré, afin de tenir compte du degré d'importance relative du foyer dans chacun des types considérés.

Enfin, dans une dernière série de colonnes, on a calculé les nombres de wagons remorqués. Pour cela, on a d'abord établi les efforts de traction d'après l'adhérence comptée à 1/7. On a supposé que chaque tonne de machine ou de tender donnait une résistance de 8 kil. par tonne à niveau, dont 3 kil. pour la résistance due aux courbes, et on retranche la résistance offerte par un poids P de machine et tender sur chaque inclinaison i, de l'effort total disponible F. L'effort disponible au crochet de traction est donc :

$$x = F - P(8 + i).$$

Pour une machine à tender séparé, P représente le poids total de la machine et du tender pleins; pour une machine-tender, P représente le poids lorsque les approvisionnements sont épuisés : c'est le cas le plus défavorable. Divisant maintenant par la résistance offerte par un wagon de 15 tonnes que nous prenons égale à $15(5 + i)$, nous avons le nombre de wagons remorqués $y = \frac{x}{15(5 + i)}$.

On aurait pu se contenter d'inscrire les efforts au tableau, mais le nombre de wagons remorqués rend mieux compte de l'effet utile.

Tableau B. *Comparaison de divers types de locomotives puissantes.*

N° d'ordre.	Chemin où circule la machine.	Désignation du système de machine.	Poids: total plein.	Poids: total vide.	Poids: minimum utile pour l'adhérence (a).	Poids: maximum par roue.	Prix: comparatif total estimé.	Prix: de 1 tonne utile pour l'adhérence.	Diamètre des roues motrices.	Diam. des cylindres.	Course des pistons.	Timbre de la chaudière.	Surfaces de chauffe: du foyer.	Surfaces de chauffe: des tubes (intérieur).	Surfaces de chauffe: totale.	Surfaces de chauffe: réduite (b).	Surfaces de chauffe: p. 1 t. d'adhérence $\frac{b}{a}$	Effort maximum avec une adhérence de 1/7.	Nombre de wagons remorqués sur rampes de 5 mm	10 mm.	20 mm.	30 mm.	40 mm.	50 mm.
			ton.	ton.	ton.	ton.			mèt.	c.		a.	m. q.	m. q.	m. q.			kilog.						
		I. Machines à 3 essieux moteurs.																						
1	Nord......	Cyl. int., type du Nord, 1852. Machine. Tender..	34 18 } 52	30 9 } 39	34	13 10	51.000 9.000 } 60.000	1.75	1.42	46	68	7	8	117	125	48	1.44	4360	28	17	9	5.5	3.5	2.2
2	P.-L.-M....	Cyl. ext., modèle du Bourbonnais. 1855-66. Machine. Tender..	34 19 } 53	30 10 } 40	34	12 10	51.000 10.000 } 61.000	1.794	1.31	45	65	8	7.6	119.4	127	47.4	1.42	4360						
3	Ouest......	Cyl. ext. Machine-tender. Rampe de St-Germain. 1861........	33	26	29	11.5	44.200	1.520	1.29	42	60	9	6.5	73.5	80	31	1.07	4142	25	16	9	5.7	4.2	3
		II. Machines à 4 essieux moteurs.																						
4	Nord......	Cyl. ext. Système Engerth. 1856. Creusot. Machine. Tender..	63	46	40	10.5 12	78.200	1.950	1.260	50	66	8	9	186	195	71	1.77	5600	32	29	10	6	4	2.5
5	Orléans	Cyl. ext. Réseau central. 1863. Cail. Machine. Tender..	45 19 } 64	40 9 } 49	45	12 10	68.000 9.000 } 77.000	1.711	1.287	50	65	8	9	181	190	69	1.53	6430	37	23.5	12	7.5	5	3.5
6	Nord......	Cyl. ext. Machine-tender à fortes rampes. Modèle de 1859......	37	27	30	9.5	45.900	1.530	1.065	48	48	8	6.5	117	123.5	45.5	1.51	4280	26	16.5	9.3	6	4	3
7	Nord......	Cyl. ext. Machine-tender à fortes rampes. Modèle de 1861.....	45	33	37	12	56.100	1.516	1.065	48	48	9	10.0	143 13	166	59	1.59	5280	32	20.5	11	7.5	5	4
8	Grand-Central Belge...	Cyl. ext. Machine-tender à fortes rampes. 1865..............	44	33	37	11.5	56.100	1.516	1.220	46	60	9	7	130	137	50	1.37	5280						
		III. Machines à 6 essieux moteurs.																						
9	Nord......	Machine-tender à 4 cylindres. Cylindre extérieur. 1863.... .	60	45	50	11	76.500	1.530	1.065	44	44	9	10.5	190 22	222.5	76	1.52	7140						
10	Great-Northern......	Mᵉ à tender auxiliaire. Cyl int. Sturrock. 1863. Machine. Tender..	34 26 } 60	30 15 } 45	34 15 } 49	12.5 9	51.000 17.000 } 68.000	1.387	1.52 1.29	40	61	11	15	140	125	52	1.06	7000	43	28	15	10	7	5
11	Grand-Central Belge ..	Mᵉ à tender auxiliaire. Cyl. int. Mᵉ Urban. 1866. Machine. Tender..	36 24 } 60	32 14 } 46	36 14 } 50	12.5 8.5	54.400 16.000 } 70.400	1.408	1.45 1.22	46 40	60 46	9	10	160	170	63	1.26	7140						

CONCLUSIONS A TIRER DU TABLEAU.

En rapprochant entre eux les éléments du tableau B, on voit que la machine à tender auxiliaire moteur a la même puissance que la machine à quatre cylindres du Nord.

Les avantages sont : prix d'achat moindre, indépendance des réparations de la machine et du tender et inversement. Ceci est un avantage précieux pour un service de grande ligne.

Les avantages de la machine-tender sont : complète sécurité dans les deux sens de marche, conditions quelquefois nécessaires pour des services d'embranchement : répartition sur toutes les roues du déchargement dû à l'épuisement des approvisionnements.

En outre, si l'on considère la surface de chauffe par tonne d'adhérence, la machine-tender présente un excès notable sur la machine à tender auxiliaire; mais, si cet excès n'est pas motivé par la dépense en vapeur de la machine, comme nous allons le montrer, il sera évident que l'avantage n'est qu'apparent.

Prenons une machine à marchandises à six roues couplées du plus fort type, soit la machine dite du Nord, construite en 1851-1852 et ayant 8^{mq} de surface de foyer, 117 mètres de tubes, total 125^{mq} de surface de chauffe, cylindres intérieurs de 0,46 de diamètre sur 0,68 de courses, roues de 1^{m},42 de diamètre et un poids total adhérent de 33 à 34 tonnes. La pression de la vapeur est de 7 atmosphères, et elle suffit largement pour utiliser l'adhérence de la machine.

Or, dans la machine à tender auxiliaire de M. Sturrock, on trouve même surface de chauffe que dans la machine du Nord (avec une plus forte proportion de surface directe), même poids adhérent, mais la pression a été portée à 11 atmosphères 1/4.

Les travaux que développeront ces deux générateurs de même dimension peuvent être considérés comme proportionnels à la pression, et, si l'on remarque que le premier convient à une machine d'un poids de 34 tonnes, le deuxième devra correspondre à une machine d'un poids donné par la relation

$$x = 34 \times \frac{11\ 1/4}{7} = 53 \text{ tonnes } 1/2,$$

c'est-à-dire encore plus que le poids de la machine et le tender Sturrock avec approvisionnements épuisés.

La capacité de production d'une chaudière est excessivement variable, et, comme exemple à l'appui, nous citerons les machines du type Stephenson, construites en 1846 pour le chemin du Nord, portant 10 tonnes sur la roue motrice indépendante et ayant 68 mètres de surface de chauffe, dont seulement 5 de foyer, et une surface de grille de 0^{mq},84. Ces machines ont été transformées en mixtes, ayant de 15 à 16 tonnes de poids adhérent, soit 1/3 en sus, et la charge remorquée, qui n'était que douze voitures, est maintenant de seize et dix-sept, c'est-à-dire qu'elle a été augmentée dans la même proportion que l'adhérence. La chaudière n'a pas été modifiée et suffit à ce travail.

Dans une construction neuve, montée sur six roues couplées, on peut parfaitement atteindre une surface de chauffe de 170 mètres carrés sans dépasser un poids total de 36 tonnes ou 12 tonnes par essieu. Une machine de ce système, construite cette année par le Grand-Central belge [1], et des études récentes faites en France, justifient ce résultat. Mais l'exemple de la machine appropriée par M. Sturrock montre ce que l'on peut faire dans certains cas analogues, où la chaudière, soit par ses dimensions, soit par la tension de sa vapeur, est en excès relativement à l'adhérence de la machine, et nous citerons comme étant dans le même cas les dernières machines faites sur le modèle dit Bourbonnais; ces locomotives, d'un poids adhérent de 34 tonnes, le même que les fortes machines à six roues couplées du Nord, ont une chaudière de 127^{mq}, et un timbre de 10 atmosphères absolues (au lieu de 7 atmosphères).

En répétant le même calcul que ci-dessus, on trouve que ces machines pourraient, par leur chaudière, développer un effort correspondant à un poids adhérent de :

$$x = 34 \times \frac{70}{7} = 48^{t},5.$$

Ce seraient à peu près les conditions obtenues en ajoutant un mécanisme de 2 tonnes au tender actuel, dont le poids vide est de 10 tonnes, on aurait alors au minimum un poids adhérent de $34 + 12 = 46$ tonnes. Le poids des trains remorqués pourrait être augmenté d'environ 1/3, le nombre des trains pourrait être diminué dans une proportion équivalente. Grâce à une minime dépense d'installation et d'entretien du mécanisme des tenders, sans modification autre que l'addition au type ordinaire de machine d'un deuxième régulateur et d'une tuyauterie de conduite et d'échappement de vapeur, on réaliserait l'économie qui résulte de la réduction du nombre des trains sur une ligne, de la réduction du nombre des machines et du personnel affectés à ce service. Et pour indiquer un cas où, suivant nous, le système à tender moteur auxiliaire serait avantageusement employé, nous citerons le service de la rampe de Rive-de-Gier, où ce système a fait en petit ses débuts de 1847 à 1856, sous M. Verpilleux, alors entrepreneur de la traction.

Comparons maintenant ensemble des machines ayant même nombre

1. Pour simplifier le mécanisme du tender, on a remplacé la distribution à coulisse et à 4 excentriques par une distribution à 2 excentriques et à toc, pensant que la machine suffirait pour donner le sens de la marche ; il nous semble qu'en admettant cela, on pouvait encore notablement simplifier en ne mettant plus qu'un seul cylindre sur le tender.

de roues couplées, et admettons, ce qui est pratiquement prouvé, que les meilleures sont celles qui remorquent le plus de charge. Nous trouvons d'après le tableau B, que, sur rampe de 10 millimètres, il y a égalité de puissance entre les machines-tender de l'Ouest et les fortes machines à six roues couplées du Nord et de Lyon, et comme la première est moins chère, elle est donc avantageuse[1]. Si l'on arrive aux rampes de 5 millimètres, les machines à tender séparé regagnent ce désavantage. Pour les machines à huit roues couplées, il faut mettre de côté la première machine de fortes rampes du Nord, qui est très-légère et ne produit pas sensiblement plus de travail que la machine de l'Ouest; mais le deuxième modèle de machine de fortes rampes, où les quatre essieux sont bien utilisés, semble pouvoir faire le même service que la machine Engerth du Nord, où le poids sur chaque essieu est loin de ce qu'il pourrait être, eu égard à la voie; dans la machine à huit roues couplées d'Orléans, le poids utile pour l'adhérence est plus considérable, aussi est-elle supérieure à la deuxième machine de fortes rampes jusque sur les rampes de 10 millimètres.

RÉSUMÉ ET CONCLUSION DE LA NOTE ANNEXE.

De l'ensemble des considérations qui précèdent, il nous paraît juste de tirer les conclusions suivantes :

Étant donnée une machine quelconque à tender séparé, il y a tout intérêt pour sa puissance à prendre pour la charge sur les essieux le maximum possible en pratique; cela conduit à une chaudière dont la production est plus que suffisante pour l'adhérence dont on dispose. Donc pour utiliser cette chaudière, il est rationnel d'avoir un excès d'adhérence que l'on se procure au moyen du tender (sans compter sur le poids des approvisionnements qui s'épuisent), soit en l'annexant à la machine, quitte à augmenter le nombre des roues, soit en lui conservant son indépendance et le dotant d'un mécanisme moteur propre.

On a de la sorte un moteur qui peut toujours remplir l'une des deux conditions suivantes :

1° Il n'a que sensiblement la même puissance (adhérente) que celui qu'il remplace, mais alors il coûte moins cher de prix d'établissement. Exemple : deuxième machine de fortes rampes du Nord (n°7 du tableau B), comparée à la machine à marchandises à six roues couplées (n°s 1 ou 2);

2° La puissance est plus grande, et alors tout en coûtant le moins cher possible par tonne d'adhérence, le moteur est certainement plus écono-

1. Elle ne pourrait cependant pas faire le même service continu à cause de la faiblesse de ses approvisionnements.

mique pour l'exploitation, puisque, traînant des trains plus lourds, il amènera une réduction dans le nombre des trains, dans le nombre des machines et dans le personnel des machines et des trains.

La machine-tender proprement dite, n'ayant ni avant ni arrière, paraît préférable pour un service d'embranchement à faire en navette sur une longueur relativement faible.

La machine à tender auxiliaire paraît préférable pour un service de grande ligne, où elle offre surtout entre autres avantages ceux de conserver le type généralement admis de fortes machines à marchandises à six ou huit roues couplées, de permettre, comme à l'ordinaire, un échange facile des tenders, et enfin d'offrir les mêmes conditions qu'auparavant de relevage en cas de déraillement.

Puis nous répéterons de nouveau, en terminant, que ces considérations, bien que fondées à la fois sur l'application pratique et la théorie, ne sont pas d'une généralité absolue : elles sont bien souvent dominées par des cas particuliers de matériel existant ou de raisons administratives qui font que l'adoption de certaines machines, dont le type n'est pas le plus convenable théoriquement parlant, donne néanmoins des résultats d'exploitation économiques.

Paris. — Imp. P.-A. Bourdier et Cie, 6, rue des Poitevins.

DIMENSIONS PRINCIPALES DE QUELQUES LOCOMOTIVES ANGLAISES.

NUMÉROS	CHEMIN sur lequel la machine…	DATE de la construction.	NOM du constructeur.	NOM de l'ingénieur de la Cie ayant présidé à la construction.	CYLINDRES.	SURFACE DE CHAUFFE.	GRILLE.	TUBES.	ENTRAXE DES ESSIEUX.	RÉPARTITION DU POIDS SUR LES RAILS	TENDERS.
[illegible]	[illegible]	[illegible]	[illegible]	[illegible]	[illegible]	[illegible]	[illegible]	[illegible]	[illegible]	[illegible]	[illegible]

RENSEIGNEMENTS DIVERS SUR LES CHEMINS ANGLAIS.

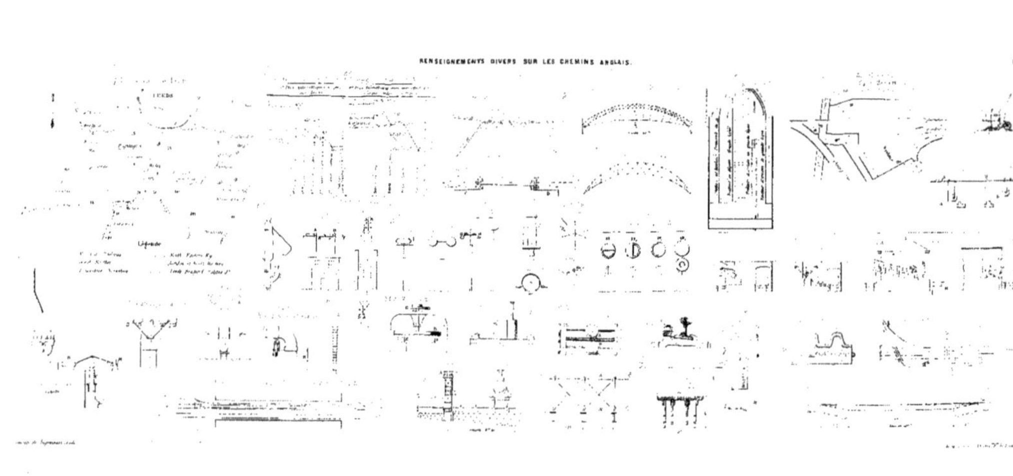

CHEMINS ANGLAIS - WAGONS - LOCOMOTIVES - TENDERS

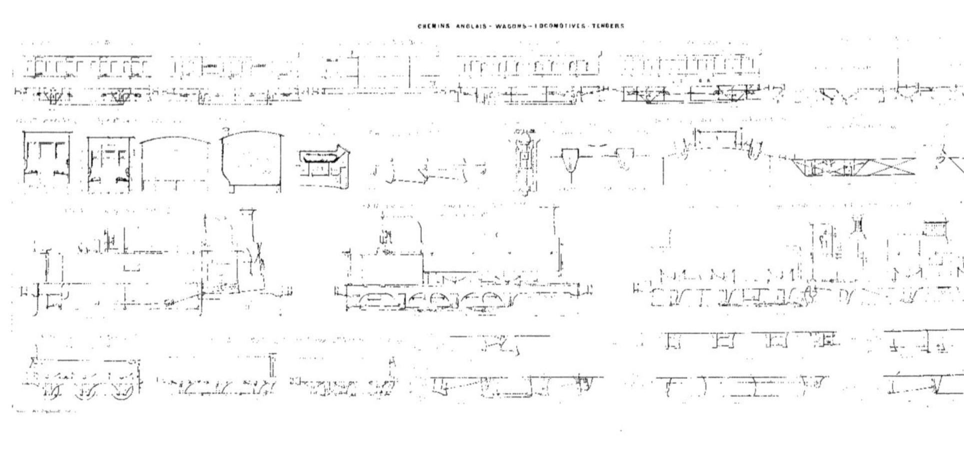

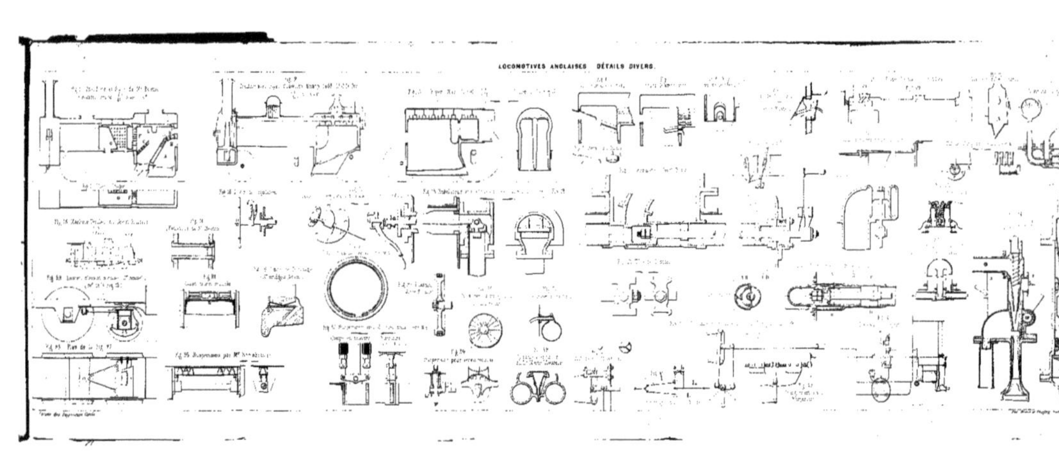
LOCOMOTIVES ANGLAISES DÉTAILS DIVERS.

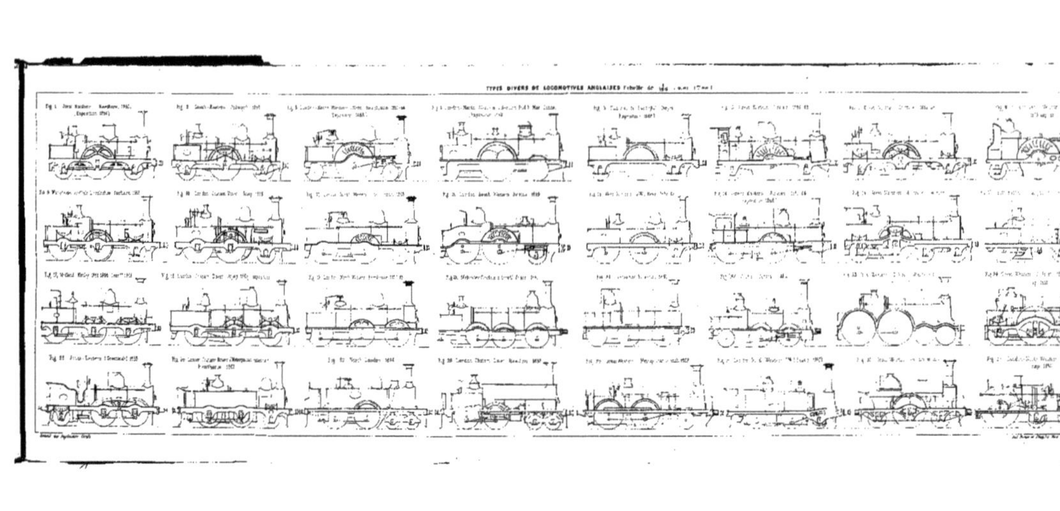
TYPES DIVERS DE LOCOMOTIVES ANGLAISES

EMBARQUEMENT DU CHARBON — CARDIFF.

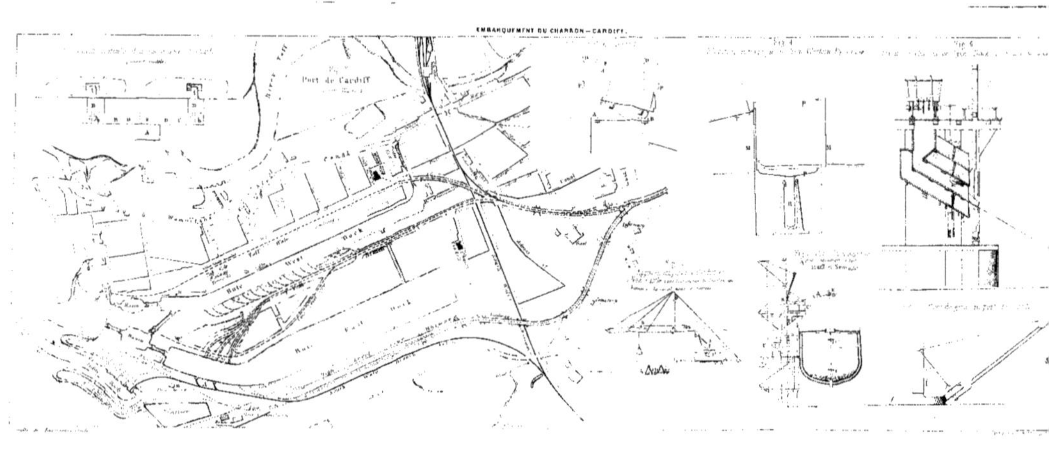

ANNALES DU GÉNIE CIVIL

Conditions de la Souscription.

Les **Annales du Génie civil** paraissent mensuellement depuis le 1er janvier 1862, par brochures de 4 à 5 feuilles grand in-8°, avec figures intercalées dans le texte, et 3 à 4 planches in-4° et in-folio, de manière à former chaque année un volume d'environ 800 pages et un atlas de 35 à 40 planches.

PRIX DE L'ABONNEMENT ANNUEL :

Pour toute la France (*franco*) . . . . 20 francs.
Pour l'Étranger . . . . 25 fr.
Pour les pays d'outre mer . . . . 30 fr.

Les numéros ne se vendent séparément que pour les années en cours de publication, chaque volume étant broché dès que l'année est terminée.

Par cette même raison, on ne peut répondre à MM. les abonnés de leur remplacer les numéros qu'ils auraient égarés s'ils en faisaient la demande trop tardivement.

Les numéros ou articles se vendent séparément pour toute la France. . . 4 fr.
Pour l'Étranger et les pays d'outre mer . . . . . . 5 fr.

Le prix des années écoulées est porté à **25** fr. pour la France, sauf pour les nouveaux abonnés qui ne les payeront que **20** fr. en prenant la collection entière.

Les recouvrements sur la province étant très-onéreux pour des sommes au-dessous de 100 fr., et quelquefois impossibles pour certaines localités, nous prions instamment nos Abonnés de suivre le mode que nous leur indiquons :

On s'abonne en adressant (franco), à l'ordre de M. EUGÈNE LACROIX, Propriétaire-Gérant, demeurant à Paris, 15, quai Malaquais, un mandat sur la poste ou un effet à vue sur Paris de la somme de VINGT FRANCS. Les nouveaux abonnés qui prennent en même temps ou qui s'engagent à prendre dans un temps déterminé les années parues, ne les payeront que VINGT FRANCS.

LES ABONNEMENTS PARTENT DU 1er JANVIER DE CHAQUE ANNÉE.

A LA MÊME LIBRAIRIE

Dictionnaire des Arts et Manufactures, de l'Agriculture, des Mines, etc., par M. Ch. Laboulaye, ancien élève de l'École polytechnique, membre du Jury international de l'Exposition universelle de Londres en 1862, et une réunion de savants, d'ingénieurs et de fabricants. 3e édition, revue et considérablement augmentée. Ouvrage illustré de 5,000 gravures sur bois, représentant les machines et appareils employés dans l'industrie et les chefs-d'œuvre de l'art industriel. Cette 3e édition est publiée en 30 livraisons, renfermant chacune la matière d'un volume in-8° ordinaire et formant 2 forts vol. grand in-8° à 2 colonnes, illustrés de 5,000 gravures sur bois. Prix de la livraison . . . 2 fr.
L'ouvrage complet . . . . 60 fr.

Carnet de l'Ingénieur, recueil de tables, de formules et de renseignements usuels et pratiques sur les sciences appliquées à l'industrie, chimie, physique, mécanique, machines à vapeur, hydraulique, résistances et frottements, etc., à l'usage des ingénieurs-constructeurs, des architectes, des chefs d'usines industrielles, des mécaniciens, des directeurs et conducteurs de travaux, des agents-voyers, des manufacturiers et des industriels, etc., publié par les rédacteurs des **Annales du Génie civil**, avec la collaboration d'ingénieurs et de savants français et étrangers.

Ce Carnet, toujours tenu au courant des progrès de la science, forme un vol. d'environ 300 pages in-12. . . . . 3 fr.
Cartonné. . . . . 4 fr.
En portefeuille. . . . . 6 fr.

Carnet du Mécanicien de la marine impériale et de celle du commerce. Recueil de tables, de formules, de renseignements usuels et pratiques. 1 vol. in-18, d'environ 150 pages, relié en portefeuille avec poches, porte-crayon, etc. 5 fr.

Paris. — Imprimerie de P.-A. BOURDIER et Cie, rue des Poitevins, 6.

www.ingramcontent.com/pod-product-compliance
Ingram Content Group UK Ltd.
Pitfield, Milton Keynes, MK11 3LW, UK
UKHW020926180726
13838UKWH00002B/776